I COME AS A BROTHER
バーソロミュー

EPSON
リスとはじめての雪
グレン・グールド・バッハ・コレクション
マイ・ライフ・アズ・ア・ドッグ
ことり
小川洋子
海と山のピアノ
須賀敦子の手紙
モモ
よはひ
悪声
いしいしんじ
物語、暴れ狂う
少女ソフィアの夏
絵本の子どもたち
終わりの蜜月
長い道
目まいのする散歩
水はみどろの宮
みずうみ
かみなりの子
ぶらんこ乗り

はじめに

子供の頃、友人の家に上がり込むと、まず気になったのは本棚の中身だった。小学生のときに、家庭訪問に行く先生にまとわりつき、友人の家をぞろぞろと大人数で訪ね歩いたときにも、私が一人で友人の本棚に見入っていたと、幼なじみが最近になって教えてくれた。そんなふうに振り返ってみると、人の本棚を見たいという欲求は常に私の中にあった。でも、それがなぜなのかはわからないままでいた。

本棚の本

赤澤かおり

ある夏の日、久しぶりに会ったアノニマ・スタジオの編集者、村上妃佐子さんと話をするうち、本棚のことが話題になり、ホームページの連載『仕事人の本棚』として、取材が始まった。決まっていたのは、私が見たい人の本棚をひたすら訪ね歩くということ。村上さんと、ホームページの連載担当である小島奈菜子さんは揃ってこう言った。「先々まで考えず、この人の本棚を、と赤澤さんが思う人を訪ねてください」。その言葉を受け、私は単純に見てみたいという思いだけで、カメラマンの公文美和さんとともにいくつもの家の扉を叩いてきた。

取材前、必ずお願いしていたのは、「好きな本を10冊程度準備しておいてください」ということと、「本棚の整理をしないでください」ということだった。それから、「本を読むときのおともとなる、おやつや飲み物を教えてください」といったこともお願いしておいた。皆、揃って同じだったのは、好きな本を10冊には選びきれないということだった（確かに、そんな冊数では収まるわけがない）。

取材させていただいた方々は、近所の友人、仕事関係者がほとんどで、純粋に私が本棚を覗かせて欲しいと思っていた人たちだ（実は、まだまだお願いしたい人がたくさんいる）。一人一人の取材は、だいたいが8時間前後を要し、ときには何日か通うことにもなってしまった。

2年の月日が過ぎ、気付いたのは、本棚は人生だということだ。ちょっとやそっとでは重ねることのできない、日々が積み重なった自分自身の証のようなものだった。皆、それを知らずして何気なく入れたり、出したり、整理したりしているのだ。ずっと本棚に残っている本は、自分にとっての何かが詰まっているものに違いない。話を訊くうちに、知っていたはずの人たちの知らぬ顔が見えたり、あぁ、やっぱりと思うことが幾度もあった。長年知っているからこそ、本棚が教えてくれた各人の新たな一面に胸を熱くした。

取材を2年間続け、それらをまとめたのがこの一冊だ。みなさんから紹介していただいた本は、のべ300冊以上にもなり、そこから、世の中にはまだまだ知らないこと、おもしろいことが溢れていることを、今さらながら実感することとなった。

そもそも人のおすすめを聞き入れない私が、人の本棚からこぼれ落ちる話と本にだけは、素直に耳を傾けてきた。本棚をめぐる19の話には、人生と人柄が詰まっていたのだ。本棚ってすごい。

赤澤かおり

もくじ

＊本書は、アノニマ・スタジオwebサイトでの連載『仕事人の本棚』(2015年6月〜2017年8月)を、加筆・修正して、あらたなページを加えて再構成したものです。
＊紹介している書籍はすべて私物です。情報はその書籍に基づいております。

12 Water stories magazine
Winter Issue
1999 Vol.1 No.2
PICOON PROJECT GUIDE BOOK
Poesy
WOKY SHOTEN
culte à la carte
JUNKO OKI
智恵子の紙繪
ZUCCA
日本の藍
ジャパン・ブルー
吉岡幸雄監修
世界のきもの
カラーブックス
色彩夢幻
藤原新也の動物記
藤原 新也
新潮文庫

小山千夏

生地・手芸雑貨店「Fabric Camp」店主

小山千夏

Chinatsu Koyama

仕事人の本棚……ということでまず思い浮かんだのが、鎌倉で手仕事の生地とオーダーの洋服のお店「Fabric《ファブリック》 Camp《キャンプ》」を営んでいる小山千夏さんの本棚だった。千夏ちゃんの本棚を見たのはかれこれ20年くらい前のことだったと思う。鎌倉の山の上のほうにあった家で、アトリエにしていた部屋の本棚を覗かせてもらったのが最初。そのときどんなものがあったか正確には覚えていないけれど「意外と文学少女なんだ」と、思った記憶がある。それとともに脳裏に残っているのは、本棚の中以外にも、布や糸とともに本の山があちこちに積まれていたこと。

2回目に千夏ちゃんの本棚を見たのは、山というか切り立った崖のようなところに建つ一軒家に引っ越ししてから。幅狭の小さな階段を何段も上りきったところにある庭付きのかわいい家。階段の途中には、ご近所さんやお隣りさんの家の門がいくつかあり、それを2つ3つ越えた最後が千夏ちゃんの家だった。いつも地面よりちょっと上のほうに住んでいる千夏ちゃんは、本人のまとう空気がそう思わせるのか、どこかしら仙人のような感じのする人だ。このとき見た本棚は、玄関を入ってすぐのリビングの本棚。それと台所に設えた小さな本棚。そこには昔の料理本が数冊入っていた。ずいぶん前に鍋ひとつでコトコト煮たボルシチのようなものを食べさせてもらったことがあったけれど、「これはボルシチ?」と聞いたら、
「なんだろうねー?　に・も・の?」と返ってきた。

このときまた私の頭の中で、仙人ならぬ魔法使い的な思いがよぎったのを、思い出した。千夏ちゃんは雰囲気も発する言葉も、とにかく不思議なのだ。本人は気付いていないだろうけれど……。だから持っている本は知っているタイトルの本に見えるけれど、実はカバーだけで中身は別の本だったりするのかも?　と妙な妄想が膨らむ。

その家の二階は、鎌倉の連なる山々が見渡せる窓がある気持ちのいいアトリエと寝室で、両方の部屋にやっぱり本棚があった。どちらも決して大きくはない腰の高さくらいの木のもの。そこに難しそうな文学のものと写真集などが、いい意味で無造作に入れられていた。高さ順に並べてあるわけでもなく、背がきっちり同じくらいに収まっているわけでもなく。何度も出し入れされているのがよくわかる、あちこちを向いた動きのある状態で本たちは収まっていた。なんでこんなにも覚えているのかわからないけれど、人の本棚を見るときって、覗き見しているような、ちょっと悪い気がしてしまうからなのか?　内心焦りながらも、記憶装置が丁寧に頭のどこかにその様を刻み込むのだ。こんなこと思っているのは私だけなんだろうか?

今もその崖の上にある家に住んでいる千夏ちゃんだけど、今日は、鎌倉の裏通りにある、仕事場でもあり、布やリボン、糸、カゴを扱い、さまざまな生地でオーダーの洋服を作ってくれるお店「Fabric Camp」の本棚を見せてもらいに行った。

わざわざここに置いているものはどんなもの?　と訊くと「ここにあるのはね、友達[1]の本と好きなもの」

「当たり前でしょー」というくらい普通に千夏ちゃんが応える。なので、私も特に質問を続けるわけではなく「そうなんだ」と、つまらない返答をしてしまった。

千夏ちゃんがミシンを踏んだり、針と糸を使う手を休めるのはおやつの時間と、お客さんを接客する時。本を読むときは、気分を切り替えたいとき。というか、読みたいなと思ったときだそう。これまた当たり前の応え。千夏ちゃんの自然すぎる応えに、ダメな質問をしてしまった自分を恥じる。

「でもあまり文字を追うようなものはここには少ないかもね。目で見て和む感じのものが多いと思う」

「手芸の本とかはないんだね」

「手芸!? 見ないよ〜、手芸でしょ!?」

はっ、またしても私、微妙な質問だった。確かに、仕事の参考にするっていうのも不思議な話だ。千夏ちゃんにはすべて見透かされている気がして、また恥ずかしくなる。

窓のすぐ下のところとミシン脇に並ぶ本は、民族衣装[2]や刺繍、染物の写真集。それに美術作家の永井宏さんがサンライト・ギャラリーのことを綴った本などが並んでいる。

「民族衣装が好きみたい。根源的なものが好きなのよ。私にとって民族衣装は、ベーシックなものとして頭に入っているみたい」

言われてみれば民族衣装って、ベーシックと言えるかどうかは別として、長いこと変わることなく伝承され続けてきたものだから、千夏ちゃんの言う意味もわからなくはない。本も雑誌も、とにかくたくさん持っていた千夏ちゃんがこれだけを選んでここに置いているのだからよっぽど好きなものなんだろうね、と言うと、今は、本自体をそれほど所有していないという。気が向いたときに開いていた自身の「ブリキ」という移動古本屋さんでずいぶん手放してしまったのだそうだ。残念……。次は最近の家の本棚を見せてもらおうかと思っていたのに!

「家に残っているのは、もう一回見る本だけ。そう言っているけれど、あらためて見返してみると、なんで好きだったかわからないものもあるし、前に読んでいたときよりも、もっと好きだなぁと思うものもあるの。もちろん、これは何度見ても絶対的に好きだなってものもあるし」

　なるほど。じゃあ、次はその〝好き〟シリーズを見せてほしいなぁ。と言うと、「それよりね」とすかさず千夏ちゃんがお気に入りの、アフリカの王様たちの衣装をまとめた写真集のページをうれしそうにめくった。黄金色の生地に華奢《きゃしゃ》なレースがついたもの、まぶしいくらいにビビッドな色やこまやかな刺繍が施されたもの、本物の毛皮、カラフルなビーズをつなぎ合わせたもの……。みんな舞台衣装のようにすさまじく派手。しかも格好いい。しばらく、まばたきするのも忘れて見入ってしまった。

「これはずいぶん前、15年以上前かな。赤坂に『ハックルベリー』っていう洋書屋さんがあったじゃない？　そこの店主だった馬詰《うまづめ》佳《か》香《こ》さんに、わざわざ探してもらって取り寄せたものなの。それにしても世界はほんとに広いよねー」

　もう何度も飽きるほど見ているはずのその写真集のページをめくっては、穴があくほどうっとり愛おしそうに見つめ、「これも素敵じゃない!?」と、私に同意を求める千夏ちゃん。あ、よく見ると、千夏ちゃんの重ね着の感じや、時折取り合わせているカラフルな布地や巻き物、それにアクセサリーは、なんだかちょっとこの写真集の中にいるアフリカの王様たちに似ているかも……。長年知っているはずの友人だけれど、本棚を見せてもらうと、またあらたな一面を知ることになる。本棚って自分でも気付かないうちに心の内を見せてしまっているような、そんな存在なのかもしれない。そうか、千夏ちゃんは仙人じゃなくて王様だったんだ。

読書のおとも

お茶を入れてお店に持参する小さな水筒と、ちょんとつまめる甘いものを少し。

小山千夏（こやま・ちなつ）

東京生まれ、鎌倉育ち。多摩美術大学卒業。故 永井宏さんが主宰していた神奈川県葉山の「サンライト・ギャラリー」に立ち上げから参加。同所にて、個展、グループ展を行うほか、ディスプレイ、雑貨のデザイン、ものづくりのワークショップなどもカフェやギャラリーなどで行う。震災後、永井宏さんとの別れがあった２０１１年の秋に、自身の場所を持つことを実現し、「Fabric Camp」を鎌倉にオープンする。気持ちのいい天然素材の生地や手仕事の布、その生地を使って仕立てるオリジナルの洋服、糸、リボンなどを販売。また〝おまつり〟と称してリスペクトする人やものの、小さな展示も行っている。

本棚から

①

『poesy』『culte à la carte』
『PUNK』文藝春秋 沖潤子

千夏ちゃんが敬愛する友人の沖潤子さんの作品集。『PUNK』は制作の一進一退を聞いていて、発売になったときは自分の本のようにうれしかったそう。パンチある内容は、このタイトルから想像してもらえるといいかも。中央は500部限定の手作り本で、千夏ちゃんのシリアルナンバーは236。左の『poesy』は装丁から企画、写真まですべて、著者一人で手がけた愛溢れる最初の一冊。千夏ちゃん曰く、「何度もページをめくりたくなる」。

②

『100年前の写真で見る 世界の民族衣装』ナショナル ジオグラフィック／編

やはり千夏ちゃんの原点は民族衣装だってことがわかった一冊。100年前とは思えない凝った飾りがついた衣装から、その国、土地の印象がつぶさに感じられる。

③

『イヌイットの壁かけ』
岩崎昌子 暮しの手帖社

著者がカナダに住むことになった1970年から30年間かけてコツコツと集めてきた壁かけ。明るく楽しい色合いや、図案のかわいらしさに、いちいち胸がキュンとなる。

④

『更紗の時代 AGES OF SARASA』
図録 福岡市美術館

福岡市美術館で催された更紗の歴史を丁寧に追った展覧会の図録。日本の茶人や大名が愛した美しい更紗が集められている。

⑤

『ROIS D'AFRIQUE』Daniel Lainé

アフリカの王様の写真集。カラフル＆ユニークな衣装に身を包んだたくさんの王様は、どの王様も甲乙つけがたいかっこよさ。千夏ちゃんが身につけているような服もあったような……。

Merry Christmas
&
Happy New Year
2012
野菜のチカラ
イタリア料理
ビストロブック
PASTA
FORMAGGI D'ITALIA
SALUMI D'ITALIA

亀井良真

イタリア料理店「オステリア・コマチーナ」
オーナーシェフ

亀井良真

「基本的に本は読まないです、パラパラめくるくらい。でも好きな写真や言葉は頭に残るから、ふと思い立ってまたページをめくる。本とはそんな付き合い方です」

鎌倉一のにぎやかな通り、小町通りの古い雑居ビルの二階にお店を構えて早7年の、オーナー・シェフ、亀井良真さん。

料理人の仲間と一緒に、初めてこの物件を見に来たときの皆の感想は「なかなかいいんじゃない」だったそう。けれども亀井さんは、昼間の燦々《さんさん》と差し込む光を横目に、なんとかなるんじゃないか、という思いと、不安な思いとのせめぎ合いだったと当時をふり返った。ところが、オープンしてみると、なんとかどころか、連日満席！　大忙しの日々を送っている。

カフェに本棚があるのは昔からよくあることだけれど、レストランに本棚があるって、なかなか珍しいような気がする。シェフたちが厨房で見るためにあるものならわからなくもないが、コマチーナの場合は、お客さんも気軽に手に取れる位置にある。よく考えてみると不思議だなぁと思ったのが、亀井さんに話を訊くきっかけとなった。

「ラーメン屋さんに漫画とかが置いてあるような、そんな気楽な雰囲気を出したかったんです。自然と今はイタリア料理の本が多くなっていますけどね」と、亀井さん。確かに、イタリア料理関係の本がダントツ多い。でも中には、かつて取材されたと思われる雑誌『Hanako』が、『イタリアの田舎に泊まる』、『ナポリと南イタリアを歩く』、『専門料理——内臓料理』などと一緒に無造作に立てかけてある。亀井さん曰く、突き刺さっている……(笑)。そうね、そのほうが正確な描写だな。でも小綺麗に整理されていたらどうだろう? ここまでこの本棚に興味を持たなかったかも。この無造作感は、あまり読まないですよ、と言いつつも、休憩中になんとなくページをめくる亀井さんがいるからだ。なぜだかその様子を、この話を聞く前から、想像していたのかもしれない。確かに見た目は、ラーメン屋さんが醸し出すような、誰もが気軽に座り、ラーメンが出てくるのを待つ間の、雰囲気のいい、ゆるい時間につながっていた。

亀井さんがあらためて分厚いイタリアの郷土料理の本をめくるのは、季節のものがたくさん出回っているとき。それを使って何かしようと思い立ったら、だ。旬の食材をわざわざ遠くから仕入れて、ということはあまりしない。人のつながりで出会ったもの、季節のもの、身の回りのものに支えられてなんとかするのが性に合っているという。そんな亀井さんが愛してやまない本が、料理家・米沢亜衣さんの『イタリア料理の本』[1]『イタリア料理の本 2』[1]。本屋さんでたまたま手に取ったときは、本当にうれしかったそうで、今でも僕の教科書のような存在、とニコニコしながら教えてくれた。何がそんなによかったのか……。それは写真、この迫力ある、しかもおいしそうな写真はなんなんだ! 本屋にいるのに興奮した、とは言わなかったけれど、大きな目を見開き、本に見入っている亀井さんが容易に想像できる。その後も本屋さんで「もしや?」と思って手にしたのは、まさに前出の本を撮影した写真家・日置武晴さんがフランスのビストロを撮り歩いた『ビストロブック』[2]だったそうだ。

亀井さんは本を読まないと言うけれど、結構分厚い、しかもいいお値段の本をぶらりと出かけたついでに買ってくるようだ。イタリアを旅した際に衝動買いしたという『RICETTE DI OSTERIE D'ITARIA』[3]もそのひとつ。すべ

てイタリア語で記されているため、さすがの亀井さんも解読不可能。でもページをめくっているだけで気分が上がってくるからそれでいいらしい。

　こうして聞いていると、どの世界にも言えることだけれど、何をするにも右脳派と左脳派に分かれるなぁと思う。おそらく、亀井さんは右脳派。考えるよりも先に手が動くし、すでにその先の絵が見えている。だから本も読まずに、見る。というか、頭で食べているみたいな感じなのかも。話を聞いたなかで、キュンとするエピソードがあった。主役となるのは『フィレンツェ料理の技術』[4]。絵本のようなかわいらしい本だ。古い本らしく、日本語訳もなかなかな間違い方をしているが、それもご愛嬌と思えるもの。イラストもほのぼのしていて、飽きることなく見ていられる。なぜか気になって、何度も見ていると……。

「それ、いい本なんですよ。前に働いていたお店に置いてあって、すごく好きだったんです。イタリアの人が直訳したからこういう訳になっているみたいで」と、亀井さん。

なるほどー、と思っていたら、話はまだ続き、

「この本ね、前に本屋に勤めていたうちの奥さんに無理言って探してもらったものなんです」

　とニヤニヤ。ん？？？　あ、なるほど！　亀井さんが好きだった女子、つまり奥様へのきっかけとして、このなかなか見つからなそうな本を探してもらったというわけか。なんて、素敵な！　本とは縁がなさそうなふりをしているけれど、人生最大の縁を結んでもらったのが紛れもなく本ではないですか！　ふわりとゆるそうに見えて、実はしっかり者？　いや、やっぱり自然の流れにゆるやかに身を任せていながら、その中に確固たる自分を持っている、そんな感じがいたしました。それはきっといつもお店で出される料理にも通じている。素材を生かした優しさと潔さに、さりげないパンチが加わったもの、それが亀井さん流。料理が好きな亀井さんのお母さんは、いつもおかずをたくさん作

っていた。たまに実家に帰ると、その感じは今も変わらないという。

「ちょっとずつではなく、たくさんあるのが好きなのは、母の影響。お店の料理やメニュー構成にも通じていると思います」

スパゲティやピザが好き。そんな気持ちからスタートした料理人への道。大事なのは始まり方じゃなくて、今どうしていくかなんだと、お店に設えた小さな本棚が教えてくれた。２０１７年夏、コマチーナは第２章の扉を開けるべく、新天地（すごい近所ですが）へと移転した。

読書のおとも

クセのあるチーズと濃厚な日本酒、という組み合わせが最近の気に入り、だとか。

亀井良真（かめい・りょうま）

「オステリア・コマチーナ」のオーナーシェフ。高校生のときにオーストラリアで暮らし、大学入学のため帰国。卒業後、さまざまなアルバイトを経て食の道へ。２０１０年、鎌倉の小町通りに「オステリア・コマチーナ」をオープン。休みの日は趣味の海釣りに明け暮れている。

②

『ビストロブック』柴田書店

パリとリヨン、東京と関西のビストロをカメラマンの日置武晴さんとパリ在住のコーディネーター高崎順子さんが紹介。確かな目で選ばれた本当においしいお店が並ぶ。これは亀井さん的に「眺めてうれしい本」。

①

『イタリア料理の本』
『イタリア料理の本 2』
米沢亜衣 アノニマ・スタジオ

ボロボロになるまで愛読してやまない亀井さんが大好きな二冊。見つけたときは「こういう本が欲しかったんだ!!」と興奮したそう。シンプルで凄みのある料理が堂々と並ぶ。

⑤

『Bon Painへの道』仁瓶利夫
旭屋出版

今やお店のメニュー作りに欠かせなくなったパン作りの本。お店のパンは、もちろんすべてお手製。最近も、ますますハマり中。

④

『フィレンツェ料理の技術　伝統料理の作り方』サンドラ・ロージ

ベッシャメッラソース、玉ねぎのスープなどのスタンダードなメニューが、材料以外はすべて文章のレシピでまとめられたもの。イラストもかわいい。亀井さんの人生を変えた一冊。

③

『RICETTE DI OSTERIE D'ITARIA』
Slow Food Editore／編

スローフードと認められたお店のレシピが掲載された、見た目も中身もずっしりとした分厚い本。亀井さんがイタリア旅行中に、後先考えずに衝動買いしたもの。

⑦

『甲本ヒロト論 自分らしく生きる!』
ヒロト論研究会
トランスワールドジャパン

甲本ヒロトさんの、人生で成功を勝ち取るためのヒントや言葉集。理解できたものから印をつけていったが、全部いい言葉で、追いつかなくなった。

⑥

『バガボンド』井上雄彦
講談社

「単なる剣豪マンガではなく、人は何のために生きるのか、という展開が好きな理由」と亀井さん。特に料理を作るときの心の有り様に共感できることがたくさん。

料理家

飛田和緒

仕事中の他愛のない話から、最近読んだ本の話になることがままあるが、まったくそういう話になることのない人もいることに最近気が付いた。本の話をする人とは、顔を合わせればそんな話ばかりしているので、作家や装丁の好み、紙質や文字の配置の好き嫌いまで把握していることもあるほど。料理家の飛田さんとは公私ともにずいぶんと長いお付き合いをさせていただいているけれど、まったくもって本の話に至らない。話すことといえば、同じ地域に住んでいるので、もっぱら近所のおいしいお店のことと、互いに大好きなハワイの話に尽きる。それでふと、飛田さんはどんな本を読んでいるんだろうか？　と、気になり、考え出したら最後、いてもたってもいられなくなってしまった。

取材前日。葉山の海を見下ろす高台に暮らす飛田さんの家には、あちこちに本の山が積み上がっていたこと、壁一面の本棚が地下に設えてあったことなどをつらつらと思い出した。けれども一体どんな本が置かれていたのか、そこがはっきりしないまま、当日を迎えた。

やっぱり……飛田さんの家にはたくさんの本の山が積み上がっていた。巨大な本棚も健在。「こう見えて私なりに

Kazuo Hida

この山積みにも区別があるのよ〜」と、お茶を淹れながら飛田さんは笑った。地下の本棚はすでに読み終わった本で、時々、ページをめくるもの。リビングのソファー裏の山は雑誌関係。トイレの小さな戸棚には雑誌や企業から送られてくる小冊子。寝室にはこれから読もうと思っている本が置かれているそうな。それにしてもすごい本の量。「ほとんど送られてくるものですか?」と訊いてみると、「いえいえ、雑誌以外はほとんど買ったもの」との返事。文学青年だった飛田さんのお父さんは〝本は買うもの〟と考えていて、プレゼントはいつも本。子供心に、サンタは本しかプレゼントしてくれないと思っていたほどだった。近所に図書館があったのにもかかわらず、だ。その教えのまま育った飛田さん、今も幼い頃と同じく、読もうと思ったもの、気になったものは、すぐに読める時間があるか否かにかかわらず、まずは買うことにしているという。

「ここのところ気になっていて、好きなのは梨木香歩[1]さん。最初に『西の魔女が死んだ』を読んだとき、自分と同世代ということもよかったのか、時代背景や主人公に関わるおばあちゃんのことなど、すごく心地よく一気に読めたんです。それで他の作品も読んでみたいな、と思って」

活字は好きなほう。夏休みになると、今は、海やプールで娘さんと泳ぎまくる日々だが、娘さんが生まれる前はご主人と何冊も本を抱え、ひたすら読む旅へと出かけていたという。小学校のときにはシャーロック・ホームズにハマっていた時期もあった。漫画好きでもある。20歳までクラシックバレエをしていたこともあり、『SWAN』[2]や『アラベスク』[2]は小学生の頃から愛読していて、今でも一気に読み返してはエネルギー注入に役立てているそうだ。

自分が娘時代に読んでいたものを娘にも読み継がせたい、なんて話をよく聞くが、飛田さんの場合、自分の本棚と娘

の本棚は別物だそうだ。「娘は娘の読みたいものを、私は私で昔読んでいたものは大事だし、傷んでいるものもあるので、お貸しできないの」と。実に清々しい。それでいて「娘が読んでいるものがどんなものなのかは気にはなっているのよ」と、母である面も忘れない。無理強いしないこの距離感は、飛田さんが作る料理を思わせる。飛田さんの料理や著書はすべてにおいて、距離感が絶妙だ。押し付けがましくない、けれどもこちらが必要とするとそっと手をさしのべてくれる。その空気感は著書の全ページにも、ご本人そのものにも漂っている。さりげないというのは、本当は難しい。どうしても人は褒めて欲しいし、何かというと「おいしい？」「おもしろい？」「うれしい？」などと反応を求めがちだ。飛田さんにはいい意味でそれがない。だからか、真の優しさとは何かと悩み、考えるとき、私はいつも飛田さんを思い出す。それにしても、料理に、子育てに、本選びに、そして読むスタイルにまで、その人となり、立ち位置、距離感の持ち方などが通じているとは。

　そういえば、飛田さんの本棚には料理家や女優、小説家など、さまざまな人たちの日記もあった。そのほとんどが食にまつわるものだ。

「パッとめくったページを読むくらいなんだけど、その気楽さがいいの。季節のこととか、旬のもののこととか。この間、久しぶりに沢村貞子さんの日記に出てきた『時々、上等な牛肉をちょっと』なんて一文には思わず、うんうんと納得しちゃって、その晩はステーキにしちゃった」

　この気取らなさ、茶目っ気、ゆるりとしたテンション、受け止め方、すべてにおいて飛田さんそのものだと実感した瞬間だった。おいしい料理を作ることと本選びは、なぜだか相通じるところがあるように思う。それにしても本棚にはその人そのものを物語る本が並んでいるものだ。このたびもまた深く納得。家に帰り、思わず自らの本棚を見返した。

読書のおとも

寝転がっていなければお茶と自家製の梅のぽたぽた漬けなどのお茶請けが定番のおとも。

飛田和緒（ひだ・かずを）
東京生まれ、長野育ち。20歳までバレリーナとしてレッスンに励む。短大卒業後、文筆家の手伝いをしながらライターの仕事をしつつ、独学で得意の料理に磨きをかける。現在は、神奈川県・葉山にて家族三人、旬のおいしいものを楽しみに暮らしながら、雑誌、単行本を中心に家庭料理を提案。2014年、料理レシピ本大賞を受賞した『常備菜』をはじめ、麺もの、パン、おかずなどにおける著書多数。近著の『海辺暮らし 季節のごはんとおかず』（女子栄養大学出版部）には四季を通じた日々の料理がまとめられている。

①

『雪と珊瑚と』角川書店
『海うそ』岩波書店
『鳥と雲と薬草袋』
『丹生都比売』
『冬虫夏草』
『家守綺譚』新潮社
梨木香歩

「これから読もうと思って」と、新作が出ては買い続けている梨木香歩さんの本。すべてハードカバーで購入という男前な揃え方も、好きになると著書を全部読んでみるのも、飛田さん流の本読みスタイル。

④

『ジュニアクッキング』木村文子
学研プラス

カッペリーニとかゼリーなどの響きに憧れていた小学校1、2年生のときに買ったもの。わりと自由に料理をさせてくれる家だったので、本を見ながらいろいろ作っていたそう。

③

『pink』岡崎京子
マガジンハウス

「岡崎さんの絵がとても好きなの」と飛田さん。大人になってから久しぶりに購入した漫画でもある。「娘がこれを読むのも、もうそう遠い先ではないかも知れないわね」。

②

『SWAN』有吉京子 平凡社／『アラベスク』山岸凉子 メディアファクトリー

20歳になるまでバレエを続けてきた飛田さん。この2つはその頃の真剣な気持ちを思い出すもの。元気がなかったり、エネルギーを注入したいとき、一気に読み返すんだそう。

⑦

『詩集 おかあさん』サトウハチロー
オリオン社

飛田家の実家の本棚にもたくさんあるサトウハチローさんの本。ある日書店で見つけ、懐かしさに思わず手をのばした一冊。「たまにめくると楽しく、ほっこりする」と飛田さん。

⑥

『モモちゃんとプー』松谷みよ子
講談社

「1年4組ひだかずを」と記された『ちいさいモモちゃん』は昭和47年の初版をお持ちでした。奥付の著者紹介に松谷みよ子さんの住所が書いてあってびっくり。いい時代でしたな。

⑤

『くまのパディントン』
マイケル・ボンド 福音館書店

イギリスでは1958年、日本での初版は1967年。すでに56刷越えというロングセラー。飛田さんが最初に読んだのはもうずいぶんと昔のこと。娘にもいつか読んでほしい一冊。

⑩

『かのこちゃんとマドレーヌ夫人』
万城目学 角川書店

小学生の女の子かのこちゃんと外国語を話せるネコ、マドレーヌ夫人の、日常の冒険物語。飛田さんはしゅんとしたとき、この本を開き、クスッと笑って元気を出しているそうな。

⑨

『氷壁』井上靖
新潮社

お父さんが山男だったこともあり、山は身近な存在だったという飛田さん。幼い頃の家族旅行はもっぱら山と温泉。自身も山登りに夢中だった時代に読んでいた一冊。

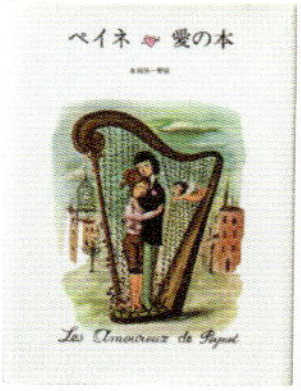

⑧

『ペイネ　愛の本』レイモン・ペイネ
みすず書房

飛田さんのお父さんの本棚にもたくさんあるというフランスのイラストレーターで漫画家のペイネの本。これは串田孫一さんの解説のもの。懐かしくなって購入。

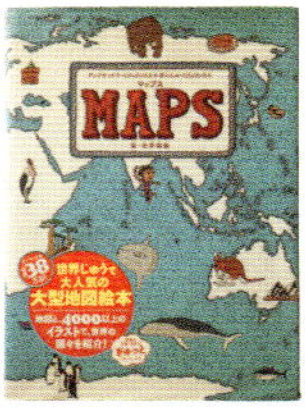

⑬

『マップス』 アレクサンドラ＆ダニエル・ミジェリンスキ 徳間書店

ポーランド出身の絵本作家夫妻が丸3年かけて世界の食べ物、歴史的建物、有名人物、動物、植物、スポーツなどを隅々まで取材。おもしろネタがたっくさん。娘さんの本棚から。

⑫

『悪童日記』
アゴタ・クリストフ
堀茂樹／訳 早川書房

戦争に巻き込まれた子供たちがたくましく生きていく様を描いたもの。

⑪

『わたしはネコロジスト』
吉田ルイ子 ブロンズ新社

フォトジャーナリストによる、昭和のネコばかりのモノクロ写真集。ぶらりと立ち寄った鎌倉の古本屋さんで。昭和らしいネコの顔が見られるのが、うれしくてつい購入。

飛田さんの近著

⑭

『わたしの献立日記』
沢村貞子 新潮社
『富士日記』
武田百合子 中央公論社
『いしいしんじのごはん日記』
いしいしんじ 新潮社

小説家や女優さんのエッセイや日記をぱらぱらめくり読む気楽さが好きだそう。そこには季節の食べ物のこと、思わずうなずきたくなる一文がたくさんしたためられている。これ以外に宇野千代さん、町田康さんなどの日記も本棚にて発見。

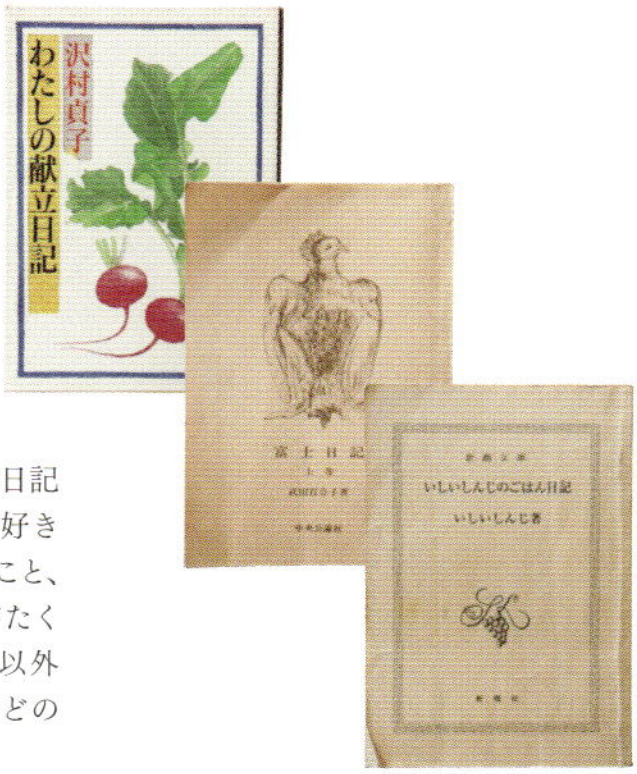

4

伊藤耕太郎

ピッツェリア「ブルールーム」店主

伊藤耕太郎

Kotaro Ito

己を持つ、人に流されないなんて、言うは易し。なかなかそれを貫き続けるのは簡単ではないし、そんな人、そうそういないだろうと思ってきた。があるとき、意外なほど身近にいたことを思い出した。

本を読んでいる、ギターを弾いている、酒を飲んでいる。お店の前を通るときガラス越しに彼をちらりと覗き見ると、たいていこの3つのうちのどれかをしている。伊藤耕太郎さん、通称こうちゃんは、鎌倉の小町通りにあるピッツェリアを奥さんと営む、ピザ職人だ。ギターを弾いているのは、お店の仕込みを終えたとき。酒を飲んでいるのは、店仕舞いをしてから。けれども、本だけは時間が少しでもできると開いているように見受けられる。ごく稀に、お店に入った瞬間に「あぁ、どうも」という感じで、こちらを見てからぱたりと本を閉じる、なんてときもあった。

ある夜、カウンターに腰掛け、ピザ生地に具材をのせているこうちゃんの後ろ姿に向かって訊いてみた。「厨房内に、本棚があったりするの？」「ありますよ」とこうちゃん。たいていの人は、このあと「この奥の〇〇に」とか「この扉の中が」とか、その先を訊かずとも話してくれそうなものだが、こうちゃんの場合はそうはいかない。男気という言い方では、あまりにざっくりしているが、とにかく余計なことは話さない。いつもストレートに一言で完結するのがこうちゃん流、のように勝手ながら感じていた。だから特別気にすることもなく、こちら側からはまったく見えない本棚についてさらに訊ねてみる。「どこにあるの？」

「この上ですよ」と、自分の作業台の後ろ手にあたる上のほうの棚を指差した。なるほど、どうりでこちらからは見えないわけだ。そこまで聞いたら、見てもいない本棚のことが妙に気になりだしてしまった。聞けば、仕事場のすぐ手の届くところに本棚を設えるほどの本好きなのに、数えるほどしか所有していないという。信頼する人や趣味が近い人などからおすすめしてもらったものを読むのがほとんど。それでよほど気に入ったら、買ってみようか、という気になるのだそうだ。気になったら、まず買っておこうという私とは真逆だった。

厨房内の小さな本棚にあるものと、自宅から気に入っているもの数冊を持参してもらう約束をし、数日後、あらためて取材をお願いした。結果から先に言うと、揺らぐことない己を持つ人という私のイメージは当たっていた。言っておくけれど、頑固とは違う。何をするにも筋が通っていると言うとわかりやすいだろうか。たとえ、ものすごく酔っ払っていたとしても、なんだかそれも筋が通っているような気にさせてしまう、得な性格がよ〜くわかったのだ。

取材から数日経ち、そろそろ原稿を書き始めねばと思い、取材メモを読み返し、思わず吹き出してしまった。自分がメモしたことなのに、だ。

こうちゃんが向き合っている本のほとんどは、1920年代に関するもの。笑ってしまったのは、『チャーチル・スタイル』[1]という、貴族出身で、第二次世界大戦中、イギリスの首相でカントリー・ジェントルマンだったチャーチルの、酒、家、趣味などを年代順に追った本の話を取材したくだりを読んでいたとき。

「アマゾンで本、買ったよ」と、こうちゃん。「何の本？」と奥さんの有子さん。「チャーチルの本」とこうちゃん。これには有子さんも一瞬状況がつかみきれず、「チャーチル!?」と、思わず大声で訊き返してしまったそう。いくら20年代好きとはいえ、チャーチルのライフスタイル本まで読もうとするとは!?

こうちゃんが1920年代にのめり込んだのは音楽がきっかけ。第一次世界大戦が終結し、アメリカからジャズがやってきた。人々がカルチャーに飢えていたこともあり、音楽や映画が一番盛り上がった時代なんじゃないかと、こうちゃんは20年代を考察している。さらにカルチャーだけでは飽き足らず、時代背景にも興味を持つ。シュールレアリズムといった思想面にも共感することが多く、気付いたらその時代をつくっていった人、すべてが好きになっていた。こうちゃんの愛読書のひとつ、『光芒の1920年代』[2]は、都市、映画、演劇、建築など20年代をさまざまな角度から切り取ったもの。どこから読んでもおもしろいのだという。20年代に関しての著書が多い、海野弘[3]さんの本もよく手にするもののひとつだ。こうして、なおも20年代を読み漁り続けている。

こんなにも本にまみれているのだから、さぞかし幼い頃から本好きだったんだろう、と訊いてみたら、意外にも本をおもしろいと思えたのは高校生以降のこと。それまではお母さんから「本を読みなさい！」と言われる、ごく普通の男子だった。「おふくろが本を読め、読めって、うるさく言うので仕方なく、夏目漱石とかから読み始めたんですよ」と、こうちゃん。漱石からスタートってところが高校生っぽく、初々しい。そんなこうちゃんが本っていいものだと、深く入っていくようになったのは長沢節[9]さんの著書を読みだしてから。本を読むことを勧めていたこうちゃんのお母様は、洋裁が得意なこともあり、ファッションに憧れ、セツ・モードセミナーに通っていた。だから当たり前のように、長沢節氏の著書は自宅の本棚にたくさんあったのだ。

「節さんの本を読みだしたのは大学時代からです。思想家であり、文筆家でもあった節さんは、常に哲学的で〝自分の良心に忠実であれ〟と考え方もシンプル。実際に物を極力持たない生活も実践していたんです。自由とは何かを考え続けた人、ですね。自由って簡単そうに見えるけど、それを貫くのって大変なんですよ」

長沢節さんの考え方が好きだという、こうちゃん。なおも自由を追求し続けているのだろうか。〝自由は大変だ〟という言葉にちょっとした思いと重みを感じた。大切な本だとだけ言い、差し出された長沢さんの本をめくっていると、若き日のこうちゃんを形成した欠片《かけら》のひとつに長沢さんの姿が見えた気がした。そして、その影響は今も大きくあるのだと、何度も読み返され、めくれ上がったページの端を見ながら確信した。

言葉自体が好き。だから小説も詩も好き。活字中毒的な部分がなきにしもあらず、だと自らを分析する。でも、それはこうして気ままに読んでいるからこそ。「これが仕事だったらこんなふうに本とは付き合えないですよ。俺は、体は超体育系だけれど、中身は文化系っていうバランスで生きているから」。そう言うと、背中を向けて黙々と仕込みを始めてしまった。シャイなのだ。すると、横でにこにこと話を聞いていた有子さんがぽつりと「こうちゃんは、よく辞書も読むよね。単独で辞書を読むときもあるし、本を読んでいてわからないことは辞書を引きながら読んでる。私はわからないところは、読み飛ばす」。なるほど！　二人のバランスの良さはここにあったのか。いや、二人というか、こうちゃんのバランスの良さは、有子さんにあった

PIZZA
BEER

のだ。体育会系だけど、文化系。突き詰めていく自分に対し、あっけらかんとそれを支えつつ、さりげなく趣味嗜好を共有する奥さん。本棚からめぐっていろいろこうちゃんの頭の中にある話を聞いてきたけれど、最後の有子さんのつぶやきで、すべてがひとつに収まった。伊藤耕太郎という人の頭の中と精神、己を貫き通すための秘訣は、奥さん。一人では到底できないことだって、二人ならきっとできる。きっと有子さんも同じく、こうちゃんのある部分でバランスを取っているのだろう。

読書のおとも

本を読みながらのときは、横浜ベイブルーイングのベイピルスナーが合う。

二人はこのことを知ってか、知らずか、今日も互いの名を呼び合い、仕込みに、遊びに、精を出す。

伊藤耕太郎（いとう・こうたろう）
1972年、東京生まれ、横浜育ち。大学時代から通い始めた隣り町ともいえる鎌倉で、パン職人を経た後、2012年に奥さまの有子さんとともに、ピッツェリアとクラフトビールのお店「ブルールーム」をオープン。音楽と酒と1920年代と奥さんをこよなく愛する男気な人。紹介した本以外にもフィッツジェラルドやヘミングウェイをよく読む。と聞くと、やはり男っぽいと思うだろうが、実はこの著者に共通しているのは、男らしさではなく、男らしさに憧れる男気な話、なんだとか。そういうところが好きだという。ヘミングウェイは食べることが好きだったのか、よく食べ物に関する話が出てくるが、反対にフィッツジェラルドはまったくと言っていいほど出てこない。そんな対比もまたおもしろいのだそうだ。

本棚から

① 『Churchill Style』
Barry Singer

1940年代と50年代のイギリスの元首相で、軍人でもあり、作家でもあったチャーチルのファッション、酒、家、タバコ、趣味などを年代ごとに追った稀有な一冊。

② 『光芒の1920年代』
朝日ジャーナル編集部／編

都市、建築、文学、思想、風俗などあらゆる面から20年代を垣間見ることができる。中には水着姿のアル・カポネと奥さんといった、あまり見たことがないような写真も。

③ 『四都市物語』海野弘
冬樹社

著者は、1976年から平凡社の雑誌『太陽』の編集長を務めた日本の評論家。このほかにも『都市の神話学　1920年代の影』など20年代に関する著書を多数上梓している。

⑥

『The History & Artistry of National Resonator Instruments』
Bob Brozman

こうちゃんが所有するギターは、1927年に創設されたアメリカのギターメーカーのもの。これはその創業からのヒストリー的カタログ。

⑤

『マウス』アート・スピーゲルマン
小野耕世／訳 晶文社

アウシュビッツでの壮絶な日々を語った著者の父の手記を元に、漫画家である著者がユーモアのセンスを盛り込んで描いた大作。

④

『現代思想　臨時増刊 1920年代の光と影』青土社／編

演劇、音楽、美術、ファッションなど20年代をつくってきた人、背景をまとめた一冊。チェーホフやシャネルなど、いかに20年代が重要な時代であったかがわかる。

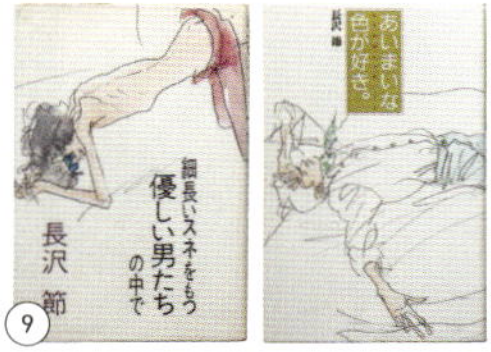

⑨

『あいまいな色が好き。』『細長いスネをもつ優しい男たちの中で』
長沢節 文化出版局

右／主にファッションのことを綴った本人による書。 左／こうちゃんがもっとも影響を受けたという、長沢節という人の生き方、思想がまとめられたもの。

⑧

『長沢節』内田静枝
河出書房新社

セツ・モードセミナーの校長、長沢節という人の人生の軌跡を綴った書。卒業生たちが語る長沢節さんのエピソードや作品リスト、暮らしぶりがわかる写真の数々も。

⑦

『アサヒグラフ1994年9月9日号
セツ神話』朝日新聞社／編

セツ・モードセミナー40年の歩みや年中行事である大原デッサン旅行の様子がまとめられた長沢節さんの特集。三宅一生さんが語る節さんのことも。

⑪

『バーボン・ストリート・ブルース』
高田渡 山と渓谷社

世の中に迎合せず、グラス片手に歌い続けて30年。酔いどれ、だけどガンコに己を貫き通した、あっぱれな人生を綴った自伝。そういえば、こうちゃんに似てるな……。

⑩

『作家の酒』
コロナ・ブックス編集部／編 平凡社

井伏鱒二、中上健次、山口瞳、池波正太郎、吉田健一などといった小説家たちによる酒にまつわる文章と好きな酒やつまみのアンソロジー。この本を肴に酒が飲める。

バッキー・イノウエ

バッキー・イノウエ

漬物店「錦・高倉屋」
居酒屋「百練」店主
文筆家

Vackey Inoue

好きな人のことほど、文字にするのは難しい。言葉にするのはもっと難しく、恥ずかしい。けれども会いたいし、話が聞きたい。どうしたらいいのか。悩んだ末、決闘を申し込むかのように「たのもう！」的に取材依頼をしてしまった。けれどもバッキーさんは、拍子抜けするほどあっけらかんと「ええよ」と返してくださった。しかも日程も時間もだいたいしか聞かず。取材の主旨をお伝えしようとすると、「ええよ、大丈夫」と再び。急ぐ私を諭すかのような優しい返事をくださった。ならばと、「では、企画書を」と言いかけると、「大丈夫、大丈夫。近くなったらまた電話して」とだけ言い、電話を切った。電話の向こうにあのカッコイイ笑顔が想像できる。いやぁ、格好いい人はこういう受け応えまでさらりと素敵なのだなぁ、と電話を切った後もしばらくはその余韻にデレデレとしてしまった。

井上英男さん、通称バッキー・イノウエさんは、生粋の京都人。生まれも育ちも京都。住んだことがある場所は京都以外にないという。画家、踊り子とさまざまな経歴を持っているが、今は京都の錦市場で「錦・高倉屋」という漬物屋さんを営む一方、京都の裏寺と呼ばれる辺りで「百練」というお店を、先斗町《ぽんとちょう》では「先斗町 百練」もなさっている。

そしてさらには文筆業に、イベント出演にと日々お忙しい。と、私は勝手に思っている。が、たまに京都を訪れて、早い時間に裏寺の「百練」に寄らせてもらうと、カウンターで酒を飲みつつ、将棋を指していたりするのである。『行きがかりじょう』というバッキーさんの著書の通り、何にせよあまり決め事をしない。今回の取材の約束も、前もっての電話では、まったくもって詳細が決められなかった。晩のごはんをご一緒に、とお誘いすると「ええよ」と言うが、京都の方に無粋とは思いつつも「お店を予約しましょうか」と訊くと、「その日会ってから考えようや」とスルーされてしまった。

そんな情けない前段階を踏みつつ、取材当日、恐る恐る京都入りして目にしたバッキーさんの本棚は、寝室のベッド脇に二手に分けて置いてあった。拝読する筆の感じから大層な本棚を想像していたが、これまた拍子抜けするほどいい意味で細身でライトな本棚。本の背の高さに合わせてしっかり美しく並べるというのとは正反対に、ここは私の理想通り、ぶっきらぼうに毛色の違った本がザクザクと差し込まれていた。思っていた以上に本の数が少ないことに驚いていると、察したのか「僕はね、本屋に行ってぽろっと買ったり、新聞の書評を見て読んでみようかなと思ったものとかを買うんやけど、読んでおもしろかったら人にあげるねん。自分が読んでいていいなと思ったら、これ、あいつにも読んでほしいなと思うやん」とぽそり。そして「そやしここにあるのは人にあげてもおもろないものか、どうしても手放したくないもののどちらか」と続いた。なるほど、そのどちらかとはどんなものなんだろう？　と、本棚に近づいてみると、『談志絶唱 昭和の歌謡曲』[1]、『世間はやかん』、『童謡咄』など、立川談志師匠の著書が結構ある。ほかにも『常用字解』[4]、『日本の名随筆　将棋』[5]、山口百恵が表紙の雑誌『GORO』[6]は、昭和52年のもので、山口百恵と矢沢永吉の特集だった。松坂慶子の写真集も目立っている。これもどうしても手放したくないもの、だろうか？

「僕は、マイケル・ジャクソンと山口百恵、それと原辰徳と同じ年なんやん。だからというわけでもないけれど、やっぱり百恵ちゃんは皆好きでしょう？　でも何冊かこれ（『GORO』）が

小説新潮
天国へのマーチ
元帥 東郷平八郎
MOJO WEST

あるのは、前に神保町の古本屋さんで『GORO』を見つけたとき、これ、ビニ本やって中身が見れないやん。でも表紙には全部〝激写〟って書いてあるし。それでどれにしようか迷って、一冊「これや!」と思って買って、すぐ店の外でビニールから出してみたんやけど、好きやった写真やなかった。それで、次! 次! ってして、ようやく三冊目に出てきたんがこれ。俺が10代のときのもんやね。うれしかった」

『GORO』といえば、私の世代でも男子たちの青春、憧れの女性タレントやグラビアアイドル、そしてスポーツや音楽のことまで網羅した大衆的、かつ今がわかる雑誌だった。ちょっとエッチな写真とかも特集されているとあって、女子としては当時、なかなか手に取りにくいものだったけれど、いい加減こうもいい歳になってくるとそういう境がなくていい。ズケズケと興味のままに何冊もあった『GORO』について訊ねていた。もちろんバッキーさんへの憧れも尊敬も忘れちゃいないが、まずこのやられた感のする本棚のほうにグッときてしまって、どうにも疑問が抑えられなくなっていたのだ。他にも古い雑誌がそこそこ束になって差さっている。本棚に差す本としては、ハードカバーのものか文庫というのが一般的ではないだろうか。雑誌はどちらかというと、重ね置くもの、という印象が強い。そんななかごく普通に本棚に雑誌という絵面が新鮮だった。

『GORO』以外にも、ぴあの前身となった『都市遊泳読本キュー』[7]、80年代前半の坂本龍一が表紙の『宝島』[8]もあった。しかも横には、『レヴィナスと愛の現象学』[9]なんてものもある。実は考えられているのかもしれないけれど、この雑多な感じはまさにバッキーさんの身上とする「行きがかり

じょう」そのものだ、なんてわかったふうなことを思ってしまった。

百練文庫から出ている『行きがかりじょう』という本は、バッキー・イノウエさんが書かれた一冊目の著書。新潮文庫のようなものをと、２００３年に自身が主宰する百練文庫から一万部出版した。帯にはなんと居酒屋「百練」での焼酎無料券が２枚も付いた、粋なつくりになっているのだ。バッキーさんが言う行きがかりじょうとは、「刹那的ではない。仕方なくとも違う。自分が選択をして、現れるものと向き合い、ポジティブに反応もする。（中略）行きがかりじょうというのは、シアワセになるための基本的な心構えであり、優れた戦法である（内容紹介文より）」だそうだ。著書を拝読し、敬愛し、そうありたいと思ってきた私だが、「行きがかりじょう」という身上が、本棚にここまでくっきりと出ていたのには、さすがすぎて最後はまとめようにもまとめられず、気のきいた言葉も出なかった。情けない話だ。昨日や今日、整理し

読書のおとも

ホヤの塩辛と常温の日本酒がおとも。ホヤは百練でも人気のオレンジ色のにくい奴。

て並べた本ではない、何十年と積み重ねてきたその人そのものがあるのが本棚。たまに見直してみると、自分でも思わぬ発見や、ふと思い返す何かが潜んでいるかもしれない、ということを思い知らされた祇園祭前の蒸し暑い京都での一日。本棚はやはり底なしに奥が深い。

バッキー・イノウエ
画家、踊り子、編集者などさまざまな経歴ののち、現在は錦市場にて漬物屋「錦・高倉屋」と裏寺にある居酒屋「百練」、先斗町「百練」などを営む。生業をしつつ、街へ出て酒を飲む日々を雑誌や自身の著書、漬物屋発行の新聞などに執筆もしている。毎週木曜は「百練」にてさまざまなアーティストたちの歌を聴く、「百練の聞いて語る祭」を開催。まもなく４００回を迎えようとしている。

本棚から

①

『談志絶唱 昭和の歌謡曲』
立川談志 大和書房

「談志師匠の本は全部持っているけれど、この歌謡曲のはあまりおもろない。だからうちの本棚に残っている。師匠は昔の芸人のことを書いているのが一番おもろい」

②

『歌謡曲のすべて 歌詞集』浅野純
全音楽譜出版社

「カラオケで誰かが歌った歌詞がすごくよかったりする瞬間ってあるやん。それで文学として見てみようと思うてこうたやつ」。人にも読んでもらおうと“百練用”と書いてみたが、誰も読んでいる気配がなく、本棚に。

③

『MOJO WEST』木村英輝／著、
山形不可止／画 第三書館

今は絵描きの木村英輝氏がプロデュースしていた、70年代の日本のロックフェスの記録がまとめられたもの。バッキーさんも20代の頃、その手伝いをしていたとか。

④

『常用字解』白川静
平凡社

「ある本に白川静さんのことが書かれていて、それで読んでみようかなぁと思い、手にした本」ひとつひとつの字がどんな成り立ちかを、象形文字のところあたりから解説。

⑤

『日本の名随筆（別巻８） 将棋』
団鬼六／編 作品社

これは「キャラメルママ」（京都の河原町にあるユーミンの曲だけがかかるバー）のマスターがくれた、いろいろな人の将棋エッセイ集。

⑥

『GORO 昭和52年9月22日号 第18号』
小学館／編

昭和50年代の『GORO』。初々しい山口百恵さんの写真はもちろん篠山紀信氏によるもの。バッキーさん所有のうち、これが一番のお気に入り山口百恵カットがあるもの。

⑨

『レヴィナスと愛の現象学』内田樹
せりか書房

「これは哲学書。とにかく難しいん。だからさらっと流して欲しいなぁ、笑。だってな、いつも寝しなに読んでは途中で終わってしまって、また読み返すくらいのもんやから」

⑧

『宝島　1984年11月号』
JICC出版局／編 宝島社

1984年刊。なんと、これにもバッキーさんが掲載されている。

⑦

『都市遊泳読本キュー』朝日放送

『ぴあ関西版』の前身として1983年に創刊した雑誌。ワンピースは合理的でいいし、メッセージとして着ていたというバッキーさんが、高田賢三さんのワンピースをまとって登場している貴重な一冊。

⑫

『Take Me Out to the Ballpark』
Josh Leventhal

アメリカのさまざまな球場が絵本のようにまとめられたもの。「サンフランシスコの球場は海近だから、ホームランボールを取るためのボートが海にうじゃうじゃしてるとかね」

⑪

『有次と庖丁』江弘毅
新潮社

雑誌『Meets Regional』の元編集長で立ち上げ人でもある江弘毅さんの著書。「文章は俺のほうがうまいけどね、笑」と、バッキーさん。創業1560年の京都「有次」の軌跡。

⑩

『ひとり飲む、京都』太田和彦
マガジンハウス

たまに「百練」に訪れることもある作家、太田和彦さんの、京都のおいしいもののことを語った一冊。居酒屋のみならず、バー、喫茶店、昼めし処なども網羅されている。

バッキー・イノウエさんの著書

『たとえあなたが行かなくとも店の明かりは灯ってる。』140B
『行きがかりじょう』
『行きがかりじょう、俺はポンになった』
『続・行きがかりじょう、俺はポンになった』百練文庫

バッキー・イノウエさんが百練文庫などから出している著書。京都のお店とその空気、街をどう歩いているかを記したもの。京都のおいしいお店がわかるだけでなく、生き方についても考えさせられる名著ばかり。

井上由季子、井上正憲

ものづくりの寺子屋とデザイン
「モーネ工房」 主宰

井上由季子
井上正憲

Yukiko Inoue / Masanori Inoue

先輩夫婦の言葉は、時々心の奥底にドシンと錘《おもり》を置かれたような重みと、何とも言い難い切なさを孕《はら》んでいるときがある。けれどもそれは決して悲しいとかではなく、自分が見てきた先輩の知らなかった一面を見たり、首が折れるほど、うなずきたくなるようなことだったりするのだ。京都の二条城の近くで、ものづくりの学校というのか、寺子屋的な活動と発信をしている「モーネ工房」という場とギャラリー、デザイン室を営む、井上由季子さんと井上正憲さん。京都市立芸術大学時代の後輩、先輩という二人は、それぞれメーカーでデザインの仕事をされた後、まずは奥さんの由季子さんが「モーネ」という名で、ご自身のデザイン事務所を設立した。今から15年以上前のことだ。その後、ご主人が早期退職され、由季子さんとともに工房を切り盛りして10年が経つ。

寺子屋という名で、誰でもものづくりができること、日々の暮らしをもっと楽しくするための目線の置き方、ものの見方など、何気ないけれど、気付かなければ通り過ぎてしまうような、けれども気付いたことで何百倍も世界が変わるようなおもしろい授業を、上は60歳近い大人から下は4～5歳の子供まで、幅広い人に向けて発信されている。私は、ある雑誌の仕事で由季子さんに出会った。あれから約15年。いつでも由季子さんは、思いついたこと、夢中になっていることなどを子供のように目を輝かせ、早口に、息継ぎするのも忘れているんじゃないかと心配になるほど、熱を持って話してくれる。そのたびに私は、その熱いマグマを真っ向から受け止めるので火傷寸前。けれどもそのマグマがじわじわと温湿布のごとく効いてきて、むくむくと由季子さんの熱き思いをかたちにしたくなるのだ。そんなわけで由季子さんとは、ご自身の著書やデザインのほうのお仕事も含め、10冊近くもの単行本のお仕事をご一緒させていただいている。

一方、正憲さん、通称セイケンさん（音読みで皆こう呼んでいる）は、物静かでダンディな雰囲気。に見せかけているけれど、実はこれまた熱血。そして関西人らしいおやじギャグをいつでも胸にも、表にも、忘れない（いや、忘れて欲しいときもある……）。本当は由季子さんともども熱い思いを常に抱いているが、由季子さんのマグマぶりを優しく、ユーモアを交えて諭す姿に「さすが長年連れ添ってきた夫婦だ」と、いつも思わずにはいられない。夫婦とは、知らず知らずの間に、時間が経過するにつれ、互いの

凸と凹がすり合わせられ、合わさってくるものなのか。いずれにしても、阿吽《あうん》とはこのことよ、と毎度お会いするたびに思うのだ。

互いの本棚の中身も、もちろん承知している。セイケンさんは、由季子さんが好きな本を何度も見返し、ボロボロになることを知っていて、同じ本をもう一冊プレゼントする、なんていうロマンチックなことをしてくれたこともあったそうだ。そんな二人の本棚は、工房の一階、入口を入ってすぐの壁一面を棚に作り替えたもの。セイケンさん作の棚だ。ここにある本は、モーネに通う生徒さんたちも貸し出し帳に名前と書名を書き込めば、借りることができる仕組みになっている。

「私にとって本は、読むものではなく、眺めるもの。本はほとんどのものが実物を見てからでないと、買えないんです。特にビジュアルのものは」と、由季子さん。何冊か見せて欲しいとお願いしていた気に入りの本は、ほぼビジュアル本だった。自慢のお宝を見せる子供のようにニヤニヤしながら大事に本を抱えてきて、一冊ずつ畳の上に広げて説明してくれた。1959年に串田孫一さん、畦地梅太郎さんらによって創刊された『山のＡＢＣ』[1]については、まず見返しの絵の部分から。この絵がいかに山を登るということを表しているか、そして太くて大きいノンブル（ページ数）の強さが気に入っているとか、内容はもちろんだけれど、ビジュアルにとにかく惚れちゃって、と次々言葉を発しては「ここも、ここも、ここも好き！」と、あちらこちらを指差して教えてくれた。

ビジュアルものばかり[2][3][4][5][6]を好んでいるかのような由季子さんだけれど、読み物でも大事にしているものがあるらしい。それは10代のときに出会い、後に夫となるセイケンさんがプレゼントしてくれた『すてきなあなたに』[7]。日常のちょっとしたほっこりすることを教えてくれるこの本のことを、由季子さんは「私にとってのシロツメ草のような本」と例えていた。一方で「自分にとってカミナリのような本」と

言っていたのは、岡本太郎著『壁を破る言葉』[8]。相当読み込んでいたと見え、あちこちに付箋がビラビラ付いている。付箋はなんとカバー袖にもあった！　由季子さんが大事に何度も繰り返しページをめくり、自分の中へ浸透させてきた本は、この大きな本棚にほとんどが収納されていた。

自称ロマンチスト、というセイケンさんの本は、基本的にこの大きな本棚にはなく、二階の自分たちの部屋にある小さな本棚に収められていた。マンション暮らしから住み替えをして、ミニマムな暮らしへと転換。夫婦でモーネを切り盛りするための決断をした際、セイケンさんの本は思い切ってさよならしたものも多いと聞いていた。私も年に一度は本の整理をし、誰かに譲るもの、長いこと持っていたけれど、そろそろもういいかなと思い、処分する雑誌類などと分けるのだが、ほとんどさよならすることができない。ある年は三冊しか整理できなくて、机の上にも床にも本が溢れかえっていた。そんな私だから、思い切ることはとても大変だとわかるし、ましてやセイケンさんがよく本を読まれていたことも由季子さんを通じて知っていたので、驚くほどのコンパクトさに、度肝を抜かれた。それと同時に、選抜された本とは何なのか、気になった。

会社員時代、草野球のチームに入っていたこともあるくらい、野球は見るのもするのも、好きというセイケンさん。本棚の中で一番最初に目についたのは、いくつもある野球に関する本[10][11]だった。なかでも、まだ日本人がメジャーに行っていない時代のアメリカの野球についてドキュメントとして綴った『グッドラック』[12]は、勝負だけではないスポーツの魅力を教えてくれるものだと言って、懐かしそうにページをめくり、目を細めていた。雨の日に読むのにちょうどいいと言って差し出されたのは、開高健の『河は眠らない』[13]。アラスカやアイスランドなど、自分では、到底行くこともないような場所へ著者が出かけ、釣りをしに行く話だそうだ。なんとなく、私が高校生くらいのときに自分の父の本棚をチラ見したことを思い出した。

「昔は雑誌に紹介されている本を見て、おもしろそうなものがあったらそれを本屋さんに行って買っていましたよ。でも今は雑誌自体をなかなか買わなくなったかなぁ。本はそれでもまだ買うほうだと思うけれど、それよりは気に入ったものを繰り返し読むほうが最近は多いかもしれない」

読書のおとも

夕暮れどき、本をめくりながら長野県のりんごを使ったシードルで一杯やりつつ、がおとも。

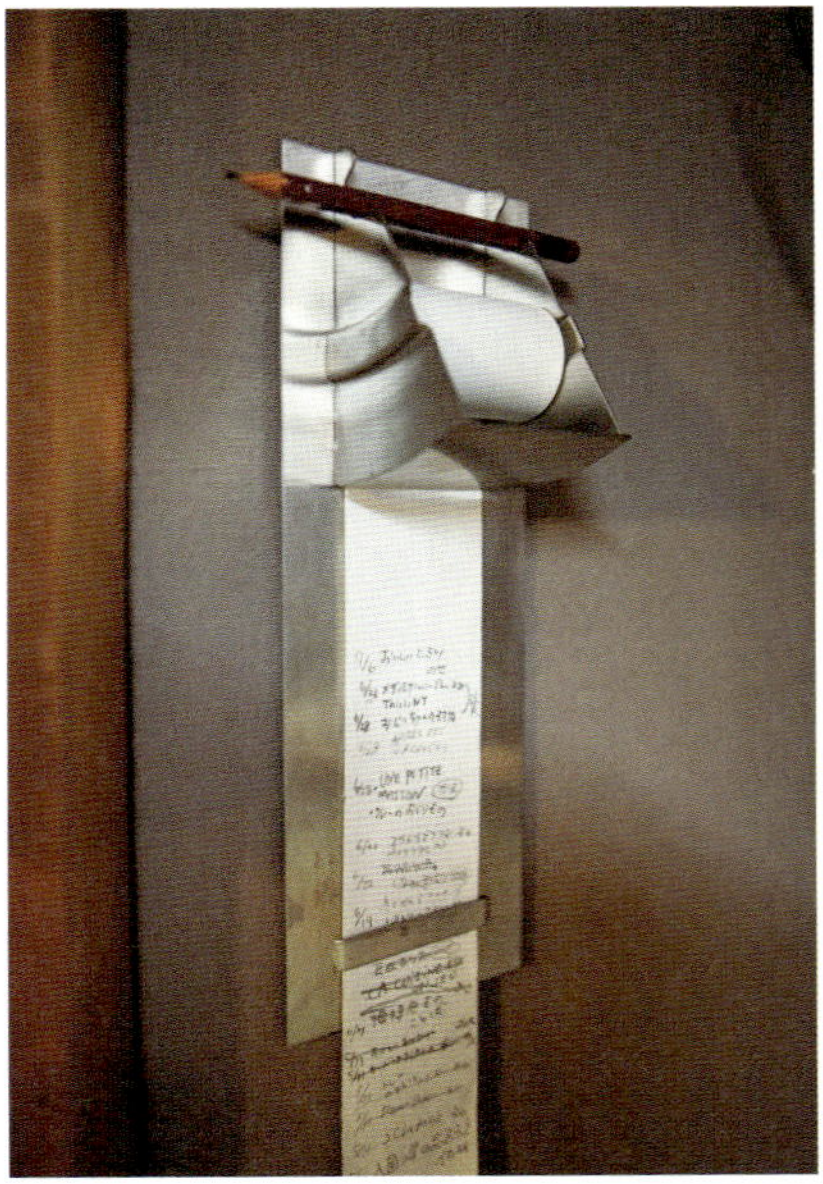

と、意外と近い昔のことを、時代を隔てたはるか遠い昔を懐かしむように話してくれた。しんみりしていたら、「あ、これはね、ほんと僕、好きなんですよ」とにこやかな返し。なんですか？　と、見てみたら『めぞん一刻』[14]だった。『うる星やつら』を知っている人は多いだろうけれど、こちらのほうが好きという人はより一層、作者である高橋留美子さんの作品が好きな人なんじゃないだろうか。セイケンさん曰く、作者が女性なのに、女性の漫画ではないのが『めぞん一刻』。でも、決して男性には描けない何かがある。男の気持ちを女が見透かして描いているような、そこがいいのだそうだ。私も夢中で読んでいた時期があった。何がよかったのかは今となってはもう思い出せないのだけれど、高橋留美子さんの描く女性も男性もどことなくさみしげで、切なくて、でもキュートだった。そこに憧れていたような気がする。なんてことをつらつら思い出しつつ気付いたのは、やっぱり男の人のほうがロマンチストだということ。女性は現実的。好きになった人のことはとことん見守り、支える。そこにはさまざまな問題もあって、もちろん一筋縄ではいかないし、いつも晴れ間ばかりではない。けれどもそれも男にとってはロマン、なのかな。セイケンさんの本棚に並ぶ本の背を行ったりきたり何度も、黒目だけ

井上由季子、井上正憲

動かしながら、ぼんやりそんなことを思う。いつもは、由季子さんのほうが夢に向かってガシガシと進んでいるイメージだった。思ったことを発信し、笑いも涙も豪快に、隠すことなく表に出していく。つまりロマンがあると思っていた。けれども、ロマンを胸にじわりじわりと二人三脚を続けていたのは、どちらかというとセイケンさんのほうだったのかもしれない。

さっきはあまりにも腑に落ちず（失礼！）、本気なのか冗談なのかわからなかったこともあって、通り過ぎてしまっていた「僕は、心底ロマンチストなんですよ」という、自分の本棚へと案内してくれたときの言葉を帰りの電車の中、あらためて思い出している。

モーネ工房
井上由季子、井上正憲（いのうえ・ゆきこ、いのうえ・まさのり）
京都・二条城近くで、誰でもものづくりができるということ、日常的なものでも見方を変えればデザイン性のあるものになること、手を動かすことのおもしろさなど、さまざまな角度から日々に楽しみをプラスすることを提案するものづくりの工房を夫婦で主宰。『文房具で包む』（アノニマ・スタジオ）、『老いのくらしを変えるたのしい切り紙』、『大切な人が病気になったとき、何ができるか考えてみました』（ともに筑摩書房）など著書多数。

自身が成し得てきたことを、素のままに綴った由季子さんの著書の数々。

①

『山のABC』
尾崎喜八、深田久彌ほか／編
創文社

創文社から串田孫一さんや畦池梅太郎さんら、山を愛する面々によって1959年に創刊されたもの。デザインそのもの、ノンブルまで、由季子さんがこよなく愛する一冊。

②

『エドゥアルド・チリーダ展』図録
長崎県美術館ほか

ボール紙の表紙といい、中面の紙の選び方といい、ブックデザインとしても好きな一冊。スペインの彫刻家が三重県立美術館や鎌倉の近代美術館で展覧会を行った際の図録。

③

『Come Alive!:
The Spirited Art of Sister Corita』
Julie Ault

コリータアートセンターの授業風景と、彼女の作品が詰まった一冊。「コリータさんがまだ生きておられたら、アメリカに会いに行く。絶対に!」と由季子さん。

④

『C is for Corita! シスター・コリータのセリグラフ展小冊子』
Landscape Products Co.,Ltd.

右脳しか動いていないと自身を分析する由季子さんが「そうそう!」とうなずけることが言葉に表されているもの。生徒たちと考えた「授業に関する10ヶ条」というのがすごい!

⑤

『Boek: Piet Hein Eek』
Piet Hein

風化してペンキがはげた板や、ビンの王冠、空き缶などをリ・ユースし、ショップ リノベートをしていたデザイナー集団の図録。これに刺激を受け、モーネのコースターや紙袋もリ・ユースにしたほど、好きなスタイルが詰まっている。

⑥

『八木保の仕事と周辺』八木保
六耀社

「初めて定価より高い値段で買ってしまった古本。いつ開いても、ワクワクするし、人にデザインを伝える手段に感動する。私にとってコミュニケーションデザインの学びの本」

⑦

『すてきなあなたに』大橋鎮子
暮しの手帖社

「通りすがりの人のスカーフがすてき」といったような日常のちょっとしたほっこりが記されたもの。学生時代にご主人のセイケンさんからプレゼントされた宝物の一冊。

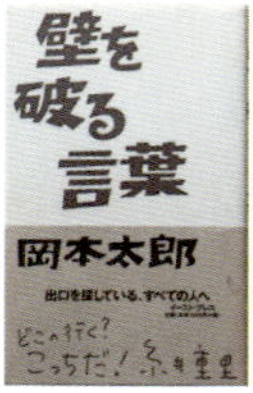

⑧

『壁を破る言葉』岡本太郎
イースト・プレス

岡本太郎さんの名言集。なかでも「苦労した作品よりひとりでにどんどん進んでしまったもののほうがいつでもいい」という言葉が由季子さんのお気に入り。

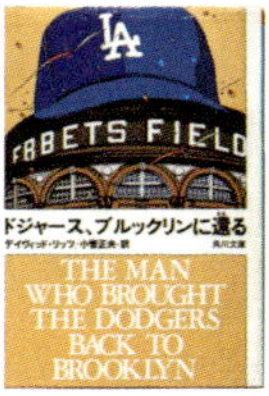

⑪

『ドジャース、ブルックリンに還る』
デイヴィッド・リッツ／著、
小菅正夫／訳 角川書店

ドジャースが西海岸へ移ってから30年。それを古巣であるブルックリンに戻すため、熱狂的ファンの男2人が夢の旅へと走り出す物語。こんなことしてみたい、と思わせるロマン溢れる話。

⑩

『野球術—監督術・投球術』
『野球術—打撃術・守備術』
ジョージ・F.ウィル／著
芝山幹郎／訳 文藝春秋

「1800年代から野球の歴史がある米国は、上っ面な技術論だけではない物語があるから良い」とセイケンさん。

⑨

『考えの整頓』佐藤雅彦
暮しの手帖社

頭の中も、実際の身の回りの整理整頓もあまり得意ではないという由季子さんが、物事を整理するときにまず、手に取り、考えから整理する手助けをしてくれる本。

⑭

『めぞん一刻』高橋留美子
小学館

熱烈なファンを持つ、漫画家・高橋留美子さんの名作。「彼女が描く男性像は女性が男の内側を見透かしているようで……」とセイケンさん。

⑬

『開高健全ノンフィクション vol.1
河は眠らない』開高健 文藝春秋

アラスカ、アイスランドなど、なかなか行くことのないような場所に開高健が釣りに行く、男のロマン溢れるストーリー。セイケンさんが時折読み返したくなる一冊。

⑫

『グッドラック』山際淳司
日本経済新聞社

さまざまなスポーツシーンを綴ったエッセイ集。「描かれている30年近く前のことと、自分自身のことが重なって、いつ見ても懐かしくて新鮮に感じる」

⑰

『世界大博物図鑑2 魚類』
荒俣宏／編 平凡社

1989年初版、16,000円。大人じゃないと買えない図鑑には、おどろおどろしい深海魚などが。江戸時代の絵や大英博物館などから集めたものを、荒俣宏さんが編集。

⑯

『新麻雀放浪記』阿佐田哲也
文藝春秋

ドサクサの戦後を描いた『麻雀放浪記』シリーズの一冊。「こういった手軽な文庫本は海外出張の飛行機のおともとして、いつも持って行ったことを思い出すなぁ」

⑮

『中島らもの明るい悩み相談室』
中島らも 朝日新聞社

「海外出張に行くときに持って行き、読んでいたもの。著者の、真剣には応えていないけれど真意をついた答えを読みながら飛行機で、ホテルで読むのが気楽で好きだった」

7

dick bruna boekomslagen
Edvard Munch
Viva Di Rosa
世界の民族と生活 北ヨーロッパ
世界の民族と生活 東南・南アジア
世界の民族と生活 アラブ世界
チェコスロバキアの民族衣装
NOËL FOR JEANNE-MARIE
James Ensor, graveur
アンソール
ヤン・ファーブル Jan Fabre
CATALOGO DEL MUSEO MARÈS
世界のかわいい刺繍
東欧で見つけた可愛い刺繍
ブルガリアの民族衣装
ケルトの歴史
African Art
Oceanic Art
DE SJAMAAN
THE BOOK OF SIGNS
鏡の国のアリス
不思議の国のアリス
モンスター・リミックス
限界芸術論 鶴見俊輔
日本の発掘
日本の考古学
土偶・コスモス
武人ハニワ、群馬へ帰る!
TOKYO STYLE
Fastnacht-Fasching-Karneval
ZATHALIE HAMBRO THE ART OF THE HANDBAG
Ernst Haeckel Art Forms from the Ocean
Art Forms in Nature
The Encyclopedia of Collectibles
Virágos Kalotaszeg
LA PEINTURE GOTHIQUE
WILLIAM GOWLAND
ガウランド 日本考古学の父
百年前の日本
モース・コレクション写真編

スソアキコ

帽子作家・イラストレーター

スソアキコ

Akiko Suso

ずいぶんと昔からの知り合いほど、知っているようで知らないことも多いんだなぁ、と気付かされた。知り合ったのはかれこれ20年ほど前のこと。かつて赤坂にあった洋書店で催された、何らかの展示がきっかけだったように記憶している。彼女はそこに来ていたお客さんで、互いに洋書店の店主と友人だったことから自然と知り合いになった。当時彼女は「撮りっきりコニカ」という使い捨てカメラのキャラクターのイラストを描いたりしていた。イラストそのものはもちろん、その頃からずっと心の中で、どうしてこんなにおもしろいキャラなのだろうか、本人も作品も、すべてにおいて、ユニークな彼女ならではの視点から、考え抜かれたユーモアが潜んでいるように感じていた。でもそれは、決して狙っているわけではなく、奇を衒《てら》ったものでもない。確かな根拠や歴史的背景に基づいた何かがあるような、そんなもやっとした確信が私の奥底にあった。

気付きのきっかけとなったのは『スソアキコのひとり古墳部』という本を、ある雑誌のコーナーで紹介したことからだった。著者は、帽子作家であり、イラストレーターでもあり、古墳研究も独自にしているというスソアキコさん。この本を隅々まで熟読し、すっかりハマってしまった。といっても古墳にではなく、古墳や日本の文化人類学への造詣と深い愛のあるスソさんの研究と、その物事のほじくり方に、だ。

古墳に興味があるという話は各方面から聞いていたし、本人ともそれについて語り合ったことがあったが、著書を拝読し、その先に『古事記』[1]や『日本書紀』へと注がれている目線があったことを知ったのだ。まさか友人と、しかも昔から知っていたはずのスソさんと『古事記』の話ができるとは！　『古事記』やそれにまつわる書物を読むことが好きだった私は興奮を抑えきれず、久しぶりにスソさんとランチすることになった日も、大国主命《おおくにぬしのみこと》がどうの、海彦と山彦がどうの、あの神様とあの神様の子供があの神様だよね、と、互いの近況を話す間もなく、ひたすら古墳と『古事記』の話で盛り上がり、話は一向に尽きることはなかった。気付いたときにはお店のランチタイムがすっかり終わり、最後のお客となっていた我々は仕方なく、錘《おもり》以上に重くなりきっていた腰を上げた。そしてまだまだ話し足りないという私の気持ちを察してか「次は、私がこういうことにハマるきっかけになった、諸星大二郎について話すよ」とスソさんは言い、ふにゃりとやわらかな笑顔を残して東京へと帰っていった。

『スソアキコのひとり古墳部』

それから半年くらい経っただろうか。そんな流れの後、スソさんに本棚の取材をさせていただいた。再び、あの楽しい話をうかがえるとあって、前の晩から、訊きたいことをあれやこれやと考えてはメモし、自分の本棚から何かスソさんとの話で盛り上がりそうなものを持っていこうかと考えてみたりした。が、すべてやめて、頭を真っさらにして会おう。でないと、せっかくのスソさんの話がもったいない。脳みそを空にして、臨むことにした。

スソさんの本棚は仕事部屋の横、廊下と並行したかたちで作られていた。雑誌は、もう一度読み返したいと思うものだけを残してあるという。『ku:nel』、『考える人』が何冊かまとまってあるほか、邪馬台国を特集した1971年の『太陽』もあった。その他『ケルトの歴史』、『ケルト人』、『地獄絵を旅する』といったものも。工作社の雑誌『室内』は初めて目にする雑誌で、家を片付け中の今の私の胸にぐっと刺さる。ちらっと見せてもらっただけで読んでみたいものがずらりと並んでいて、ざわざわする気持ちと訊きたいことが、空にしてきたはずの頭の中にドドーッと押し寄せ、早くも胸中穏やかではなくなってしまった。はやる気持ちと焦りが絡まり合い、質問も、どもりがち。

　自分が三人くらいいて一斉にスソさんに質問したい、そんな何の役にも立たない妄想を繰り広げながら、金魚のように口をパクパク、アップアップしている私をよそに、「この本棚にあるものはだいたい自分のもの、のはず。私、自分の本だと思って人に貸したり、古本屋に売っちゃったものとかもあって、記憶に責任持てなくて。脳みその中にそういうことを入れてないんだと思う」と、またあのふにゃりとした笑顔とともに、ぼそりと言い放った。というのも、実はこの本棚にあったはずの、今となっては手に入らないような古本を誰かに貸してしまったことがあるらしく、借りた本人から返して欲しいと言われたときにはすでに誰に貸したのかさえもわからなくなっていた、という冷や汗の出る経験があったのだそうだ。もちろん悪いと思い、反省もしたけれど、そういうことに関して、どうもゆるい自分がいると照れ笑い。いい人だ、スソさん。このふにゃりとした笑顔を見たら、きっとみんな許します！　と、勝手ながら思ってしまった。スソさんのふとしたこんな一言のおかげで、さっきまでの私の妙な焦りは一旦おさまった。

「あとはね、リビングに2つあって、旦那と共有している

んだけど、だいたい私が旦那の棚を侵略中」と言って、低いほうの本棚を指差した。中にはASKULのカタログとともにご主人のギター教本なども収まっている。ここにあるのは最近購入したばかりのもので、すぐに読みたい本を入れておく棚だそう。そう聞いた矢先に古めかしい『世界少年少女文学全集』を見つけてしまい、何かと思っていると、「これねー」と、待ってましたとばかりにスソさんの解説が始まった。世界文学全集はご存知の方も多いと思うが、さまざまな出版社から昭和30〜50年代を中心にこぞって出版されていたもので、グリム童話やアンデルセン、伝

記などの名作が詰まった全集。スソさんがその中で選んだ一冊は、創元社の『古事記』だった。監修が、土偶好きとしても知られる川端康成ってところに必然というか、つながりを感じずにはいられない。ちなみに私もこの手の全集が好きで何冊か持っているが、講談社のもので監修は志賀直哉らによるものだ。人は知らぬ間に、自らの興味の欠片《かけら》を細い糸を手繰り寄せるように集めていくことで、それがいつしか束になり、偶然が必然へと転がっていく瞬間を作り出しているのかもしれない。スソさんの選ぶ本を見ながら、今まで本棚を見せてくださった人たちの本を回想しつつ、そんなことを思った。

　ところでスソさんの大切な本ということで何冊か選んでいただいたが、実は相当迷いに迷った、と言う。理由はどれも好きすぎるから。なので「もっと増やしていいですよ」と言うと目を逆三日月のように細めてにんまり笑い、「そお？」と言って、奥から枕大はありそうな巨大な辞書のようなものや、「きっと赤澤さんも好きだよ」と言い、シャーマンと動物の本などを追加してくれた。ちなみに枕級のサイズの書名は『日本の古墳』[2]。全国に14万基はあるだろうといわれている古墳のうちの125箇所を紹介したものだ。古墳全景図とともにその古墳についての詳細が記され

ている。ニヤニヤしながらスソさんがページをめくる。これはアイドルの写真集ではないよね⁉ と確認したくなるほどニヤけている。そんなスソさんが、どこか違う星の人のように見えるのは私だけだろうか。

古墳、ケルト人、シャーマンなどの本ばかりかと思いきや、ディック・ブルーナの『ゆきのひのうさこちゃん』[8]もお気に入り本に並んでいた。これは、初めて親に買ってもらったもの、とスソさん。けれども、ずいぶんと新しい気がするなと思って手に取ると、「初めて買ってもらってうれしくて、幼稚園に持って行って友達に自慢したら、白い部分が多くてつまらないと不評で……。ならば、とその白い部分に色を塗り、ぬりえにした結果、母にものすごく怒られてね。その本は、今はもうどこにいったかもわからなくなってしまったんだけど、京子（お母さんの名前）、ごめんよ、と思って、最近買い直したの」

なるほど。やっぱり、幼い頃からスソさんはすごい。子供だったとはいえ、ディック・ブルーナさんの絵に自分の色を重ね塗りしちゃうんだから。ものを作る人はこういう頃から何かしら違った行動をするんだなぁ。だまってページを開き、お座りしてうさこちゃんをなでなでしたりはしていなかったんだ。スソさんの本に向かう姿勢はやっぱりおもしろすぎる。スソさんはきっと改めて買い直した大切なもの、ということで選んだ一冊だと思うが、まったく違うところに反応してしまった。

もうひとつ、毛色の違ったものとして興味深かったのが、『天才バカボン⑤』[9]。なぜ一冊だけ？ しかも5巻？ と、不思議に思い、訊いてみると、これは私の辞書のようなもの、と大真面目な顔でスソさん。

「うちは、すごく厳しい家でね、テレビのお笑い禁止、ごはんのときに笑っちゃいけない、とかいろいろきまりがあった子供時代だったの。これは夏休みにいとこが遊びに来たとき、たまたま忘れていった一冊で、以来、私の辞書のような存在になっていき、隅から隅まで何度も親に隠れて読み返したの。バカボンが好きすぎて真剣に早稲田大学に行きたいと思っていたくらい。漫画のほうがアニメよりも

「シュールなのがいいんだよ」

なんと！　今のスソさんのおもしろさを形成していた元は〝バカボン〟だったの――！　そして、今になって知ったけれど、バカボンのパパが通っていたのは早稲田大学の横にあるという設定の、〝バカ田大学〟だったのか⁉　スソさんのストライクゾーンの広さにとまどいつつ、重箱の隅をつつくような細かいことも気になった一冊だった。スソさんの興味の幅は果てしなく広がりを見せ、イラストレーターになるきっかけとなった昭和55年刊のレアな一冊、原作は糸井重里さん、作画は湯村輝彦さんの『情熱のペンギンごはん』[10]（なんと湯村さんのサイン入り。うらやましい！）も見せてくださった。もちろんランチの日に話していた諸星大二郎さんの『暗黒神話』[11]もお気に入り本として並べられていた。この本こそ、スソさんが古代にハマるきっかけとなる、深みへの入り口をガバッと開いてしまったもの。多くの人に読んで欲しいと、静かに販促活動を行っていて、自分で購入しては人にあげたり、貸したりを繰り返し、もう同じものを10冊以上買っているという。

読書のおとも

ほうじ茶、緑茶、紅茶などに、素朴な手作り感ある甘いものを添えるのが常。

やはりこの集中度というか、のめり込み方は半端ない。だいたいの人は広く浅く、もしくは一点集中型で深くというものだが、スソさんの場合は広くて深い。それは、邪馬台国がどこにあったのか、卑弥呼はいたのか、といったような答えのないことへの、深くて広すぎる穴を掘り続けているかのようだ。そのうちのひとつが〝古墳〟なんだろうと思う。考えてみれば、私は土偶と埴輪の違いもきちんと理解していなかったが、このたびスソさんに詳細を聞いたことで、私も古代への扉を開けそうになった。危ない、危ない。

古墳以外に今興味のあることは？と訊ねると、実はケルト人や龍などへの興味もまだ捨てきれないけれど、日本のことだけでもこんなに調べることや足で見て歩くことがたくさんあるのに、外国のことまで手がまわらない、と真剣なお応え。自分から質問しておいて何だけれど、真面目に応えるスソさんの表情と「手がまわらない」という研究者的な発言に、思わず吹き出してしまった。最後に帽子のことをうかがうと、リビングに飾ってあったひょろひょろと何本もの触覚のようなものが出た帽子を取り出し、教えてくれた。「これは、人間がホモ・サピエンス・サピエンスになる前、つまりヒトになる前に地球上に生物がいたとしたら、こんなふうだったかなと想像して作った帽子。というか、これは地上に生息していた昆虫的なもの。もうひとつ海に生息していたヒトという仮定で作った帽子もあったし、頭の熱で卵を育てている帽子もあったのよ。だから展覧会のタイトルは『Feeler－フィーラー』。触覚って意味なんだけど、そんなことを考えていた時期もあったなー」

最後の最後でこの話が出てきて、私の頭は完全にオーバーヒート。スソさんの頭の中はいったいどうなっているんだろうか。まさにこの帽子のように、興味の先へとあちこちに見えないアンテナをひょろひょろと伸ばし、あの逆さ三日月のようににんまりした笑顔で、おもしろいことをキャッチし続けているんだろうか。しかも、あちこちに行っているようで、実はこの帽子も古代、いやそれよりもっと前の時代にちゃんとつながっていたのだ。スソさんこそ、まさにリアル天才バカボン!?　なのかもしれない……。

スソアキコ
イラストレーター・帽子作家。石川県生まれ。東京在住。都内に小さなアトリエを構え、ストーリーのある帽子を制作。ギャラリーなどで展示・販売をしている。そもそもあった興味と趣味から、仕事の合間に『ひとり古墳部』という名のウェブ連載をし、２０１４年、コミックエッセイから単行本化。現在も全国各地にて古墳展や古墳ツアーを開催。引っ張りだこの日々が続いている。

① 

『古事記　新潮日本古典集成』
西宮一民／校注 新潮社

新潮社が創立80周年を記念して1976年から出版したシリーズ。古事記の発売は1979年。『古事記』を読むなら、これが一番のおすすめ、とスソさんのお墨付き。

② 

『日本の古墳』末永雅雄
朝日新聞社

枕大もある大型書。全国の古墳の中から選りすぐりの125箇所の古墳を観音開き式の巨大図と長文にて解説。本内の古墳図のほとんどがお気に入りとのこと……笑。

③ 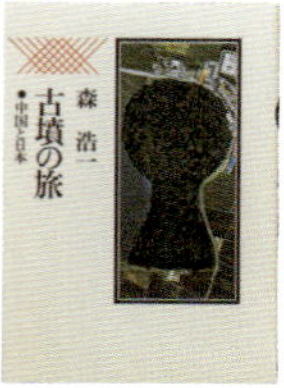

『古墳の旅』森浩一
芸艸堂

旅をしながら古墳を見て回る、という話。「考古学も学閥支配が強いんだなーと感じてしまうなか、この著者は事実のみを記し、フラットな考え方をしているのでいい」とスソさん。

④ 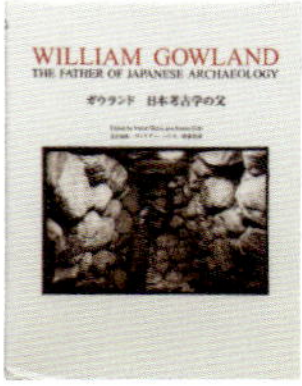

『ガウランド 日本考古学の父』
ヴィクター・ハリス／著、
後藤和雄／訳 朝日新聞社

明治時代、イギリスからやってきたウィリアム・ガウランドは、技師としての仕事の傍ら、熱心に古墳研究に勤しんでいた。日本考古学の父と呼ばれる、スソさんが崇拝する一人。

⑤ 

『Les Animaux et le Sacré』
Nicholas-J.Saunders

山形浩生が翻訳した『不思議の国のアリス』に挿絵を描く仕事をする際、参考資料としてわざわざフランスで買い求めたもの。眺めているだけでも楽しい一冊。

⑥ 

『The Power of Dogu』
Douglass Bailey

日本よりも先にイギリスの大英博物館で土偶の展示が行われた際の図録。大英博物館に熱心な土偶ファンの研究者がいたおかげで上野でも展示が行われることになったのだとか。

⑦ 

『陶器全集 第1巻　埴輪』
小林行雄 平凡社

ひたすら埴輪のモノクロ写真が続く、埴輪写真集。ひざまずく男、壺を持つ女、など表情もさまざまな男女や動物、家といった埴輪が並ぶページは、見飽きることがない。

⑧ 

『ゆきのひのうさこちゃん』
ディック ブルーナ／著
石井桃子／訳 福音館書店

1955年にオランダで誕生し、日本では1964年に『ちいさなうさこちゃん』が発売。スソさんを喜ばせようと初めてお母様が買ってくれた絵本。

⑨ 

『天才バカボン5』赤塚不二夫
講談社

赤塚不二夫先生の名作中の名作。スソさんの笑いの元はバカボンが形成したものだった。「アニメしか見たことがない人も漫画でこのおもしろさを堪能して欲しい」とスソさん。

⑫

『丸木スマ画集』丸木スマ
大塔書店

「美術に関して特別教育を受けていない人の絵って、なんかいいんですよ」とスソさん。画家の息子さんの勧めで絵を描くようになったスマさんのやさしい絵が並ぶ。

⑪

『暗黒神話』諸星大二郎 集英社

スソさんが古代へとハマっていくきっかけとなった名著。『古事記』と『日本書紀』が合体し、現代も入り混じる複雑な構成の話。これを読み、40代にして本当の意味での古代への一歩を踏み出した。

⑩

『情熱のペンギンごはん』
湯村輝彦／画、糸井重里／原作
情報センター出版局

スソさんがイラストレーターになるきっかけとなった一冊。作画の湯村さんからサインをもらうとき「俺のファンは男ばっかりで女の人って滅多にいないんだよ」と、驚かれたのだとか。

⑮

『日本の写真家〈34〉深瀬昌久』
岩波書店

ずっと前からなぜか深瀬昌久さんの撮るカラスの写真が好きだった、と言うスソさん。見覚えのある故郷 金沢のカラスの写真を見て、どうして好きだったか腑に落ちたのだそう。

⑭

『怪物誌』荒俣宏 リブロポート

荒俣宏さん編著の怪物誌。16世紀に出版されたコンラート・ゲスナーの『怪物誌』を調べ、自身で模写したものなどを含めたもの。海坊主、ドラゴン、トリトン、象人間など興味深い怪物が並ぶ魅惑の本。

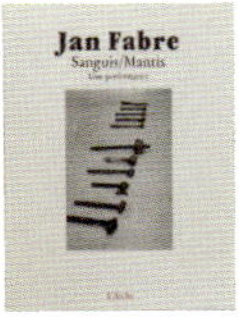

⑬

『Sanguis/Mantis』『ヤン・ファーブルとの対話』ヤン・ファーブル

ベルギーの現代アーティスト、ヤン・ファーブルの展示図録。ルーヴル美術館で購入。フランドル地方の美術をテーマに作品を作ったもの。最近ではルイ・ヴィトンの展示もしているそう。

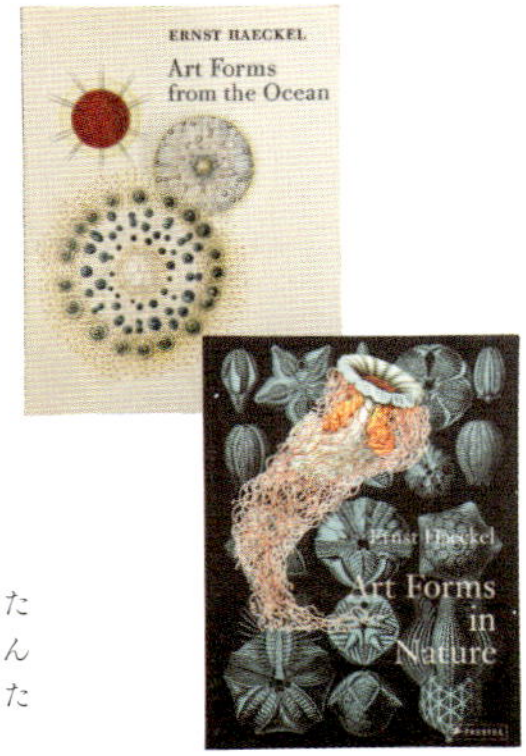

⑯

『Art Forms from the Ocean』
『Art Forms in Nature』
Ernst Haeckel

宇宙の星や海の生物を顕微鏡で見た図が詳細に描かれた図鑑。スソさんが空間ディスプレイのお仕事をした際の参考資料。繊細で美しい。

8

WIRED UP!
All About Niagara
We Are Devo!
William Scott
木村伊兵衛のパリ
WORKS 1974-2006
pierre cardin
DISHY
Hot Love
HANATSUBAKI1997
HANATSUBAKI1998
原弘
Fantasy Worlds
THE WARHOL LOOK

茂木隆行

エディトリアルデザイナー

茂木隆行

Takayuki Motegi

話を聞いている間、ゆったりとした静かな川の流れの中にいるような、不思議な感覚が続いていた。友人である彼とは、もうずいぶんと長いこと仕事仲間としても時間を共有してきたが、こんな気持ちになったことはあっただろうか？　取材からの帰り道、今まで自分が知っていた彼を何度も、さまざまな場面とともに思い返してみた。が、思い浮かぶのは、次やるべきことや、自らの進行具合を伝えているテキパキとした姿。でも、考えてみたら、ノートを開いたり、参考となる本を受け渡す姿や手の動きは、いつでもゆっくりと静かで、エレガントだったことを思い出した。

茂木《もてぎ》隆行《たかゆき》さん、エディトリアルデザイナー。彼とともに拵《こしら》えてきた本は、いったい何冊になるだろう？　私が今まで上梓してきたハワイの本のほとんどをデザインしてくれたのも茂木さんだ。友人としてともに旅したり、ごはんを食べに行ったりと密に過ごすことが多いので、なんとなく好みは知っているつもりでいた。でも、そのつもりは、まさにつもりでしかなかったことを、本棚がある部屋に入った瞬間に思い知らされることになった。

目に飛び込んできた本の背には、私が以前から好きで好

取材時に茂木さんがデザインしたばかりの本を並べてもらう。ちゃっかり、自分のハワイプリントの本も追加。

きでたまらない、憧れ続けていた人たちの名がずらりと並んでいた。『荒井由実 エッセイ&写真集 十四番目の月』、大瀧詠一さんの『All About Niagara』……。偶然、趣味のいい古本屋さんに出くわしたような気になり、頭の中から「仕事」の二文字はすぐにスコンと抜けた。と、同時に本棚の前にぺたんと座り込み、棚から目を離すことなく、茂木さんに背を向けたまま質問攻めにした。「これはいつ頃からのもの？」「最近何か買い足した？」「並んでいる順に理由はある？」矢継ぎ早に質問する私の、はやる気持ちをまったく無視するかのように、ゆっくりとひとつひとつ丁寧に応える茂木さん。返事を待つ間、本棚全体の輪郭である棚に目がいった。本のサイズにちょうどいい浅めの奥行き。フレームはまったく飾り気のない、事務的でスマートなものだった。なのに、どことなく味わいがあるのは、収まっている本のおかげだろうか？　もうひとつ、奥には見覚えのあるスチールの棚。これは奥行きがあるからか、本を出し入れするというよりは、詰め込んでいる様子。いつでも察しがいい茂木さんは、私の微妙な動きに気付いたのか、質問せずとも本棚のことも教えてくれた。

「こっちはさ、東急ハンズで買ったもの。本を置くのに奥行きもぴったり。もう30年くらい前に買ったんだけど、全然、壊れない。奥のは無印良品の棚なんだけど、本棚用じゃないから奥行きが深いの。でも、仕事した本をまとめておくにはちょうどいいんだよ。そんなに毎回出し入れするわけじゃないし、ストック用だから。それにしても本棚って循環しないね。毎年見直しする人もいるんだろうけど、俺の場合、入れ替えたのなんて引っ越ししたときくらいだよ。あとは新しく買い足したものをさらに入れるくらい。だからなかなか減らない、増えるばっかりだね〜」

　茂木さんは人に洋服や器などをすすめるのがとっても上手だ。いつも「これは〜?」と差し出されるものがなんか自分に似合うように思えて、ついつい「いいね〜」と言って買ってしまう。我が家には茂木さんのすすめで買ったものが、外国の蚤の市で見つけたスプーンから、デパートの洋服売り場で見繕ってもらったコート、作家さんの器まで、挙げたらキリがないほどある。そんな茂木さんだけれど、古本やCDやレコード、甘いものは誰にすすめるでもなく、ガシガシ前のめりに買う。しかも、決断もおもしろいくらいに早いのだ。曰く「俺が行くところは、本屋かレコ屋（中古レコード屋さん）か、デパ地下くらい。それくらいは好きに買ってもいいかなと思って」とのこと。いやいやそれ以外のものも十分好きに買っていいお年頃と思いますが。まぁでも、そういう茂木さんだからこその、この本棚の有り様に至極納得してしまった。あぁ、これ読んでみたかった！　というものあり、懐かしい、まだ持っていたの？　というものあり、何これ⁉　というものあり、あらゆる角度からジロジロと見てまわったとしても、いい意味でまったく隙を見せない、私にとって不動の位置にあるものばかりが並ぶ憧れの本棚を所有していた。

　そんな茂木さんが久しぶりに自身の本棚を眺めつつ、たくさんあるなかでも特に気に入っていると選んでくれた本は、高校時代、学校の図書室で見つけ、その後自分で購入するほど気に入ったという、ちょっとどぎつくて不思議な雰囲気の、1900年代の初めから後

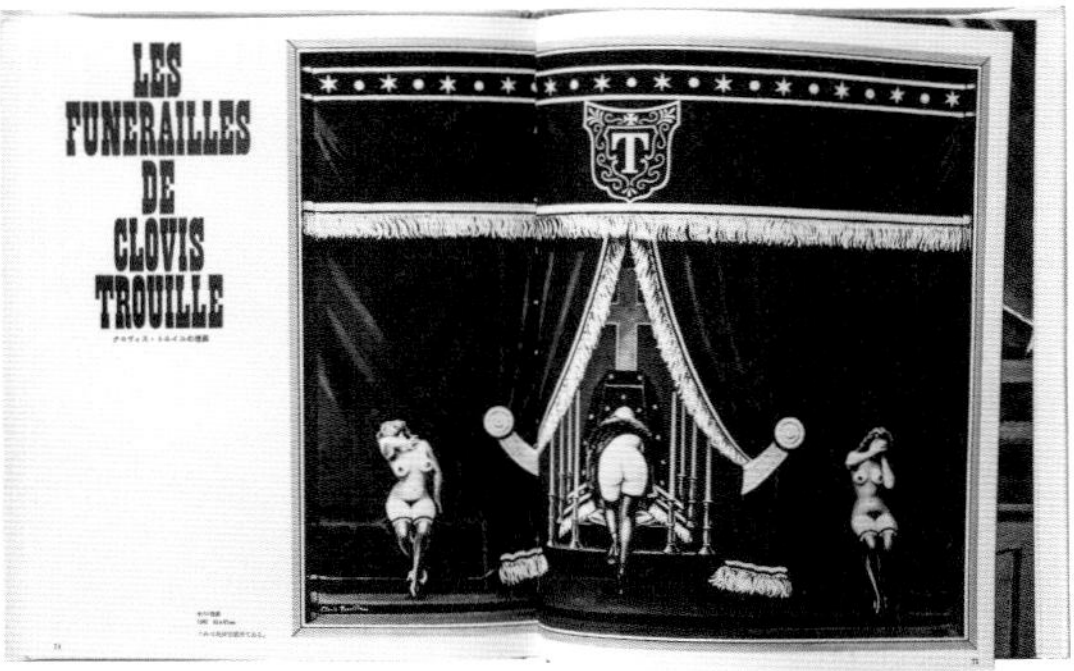

半までのシュールレアリズムの作家13人を集めた画集シリーズの一冊『クロヴィス・トルイユ』[1]。それから1976年の『SAISON de non-no パリ大地図帳』[2]。これは古本ではなくて、発売した当時、お姉さんに頼んで買ってきてもらったセルフヴィンテージ本。つまり、茂木さんが中学に入ったばかりの頃に読んでいたものだった。中学のときの私はパリを知っていただろうか？ 今田美奈子先生のお菓子の本を読んでいたのは小学生のときだから、パリくらいは知っていたかな？ そもそも茂木さんがこんなにおしゃまな雑誌を買おうと思ったのは、小学生のとき、同級生だった友人がお父さんの仕事の都合でパリに引っ越しをすることになったことから。新聞広告でこの本を見つけ、友人が移り住むパリってどんなところだろう？ と思い、購入したのだそうだ。なんともかわいらしく微笑ましい。けれども微笑ましいなんて言っている場合じゃないくらい、雑誌の中身はみっちりと詰まりに詰まったものだった。今でもパリにあるポワラーヌやフロールといった名店はもちろん、パリの朝ごはんのスタイル、街角スナップに写る人々のおしゃれ感など、どれもこれも新鮮な輝きある内容に、恥ずかしながら初めて外国の雑誌を目にしたときのような興奮ぶりを見せてしまった。

「りんごのタルトの写真を見て、これはどうなっているんだろうって当時は真剣に思ってさ、よーくよーく見返していたよ。あと、この手描きの地図も味があるよね。けれど見やすい。制作していたスタッフの熱意を感じるね。当時は外国からの情報がすべて新鮮だったっていうのもあるんだろうけど」と、1ページ、1ページ、大事にページをめくっては、当時どんなふうにこの雑誌を見ていたのかを話す茂木さんを見ていたら、なんだか中学生に戻った茂木さんが目の前で話してくれているかのような不思議な気持ちになった。もっとずっと未来の世界では「昔は雑誌ってものがあってね、みんなそれで外国のことや季節の料理のレシピや新しい洋服のこと、手芸のことなどを知るようになったんだよ」なんていう時代が来てしまったりするのだろうか。読み応えのある雑誌とは……。今もこの先のことも含め、ものすごく考えさせら

Sorbet
Crème Caramel
Tarte aux Poire
DESSERTS

れる一冊を見せてもらった。

　茂木さんがデザイナーとして活躍しているのは、エディトリアルの世界の中でも特に料理に関する本が多い。料理本の奥付を見ると、結構な頻度で彼の名を目にする。そんな彼が学生時代から好きだったというハギワラトシコさんの[3]『ワンダフルパーティーズ』や、フリーのデザイナーになったばかりの頃に手にした長尾智子さんの[4]『ニュースタンダードディッシュ』などは、私も大好きな名著だ。ハギワラさんのこの本は、あまりに好きすぎて、見つけては購入して友人たちにプレゼントしているほど。私もずいぶん昔に、ちゃっかりおねだりしてプレゼントしていただいた。あとは、[5]小川国夫さん、[6]須賀敦子さん、[7]池澤夏樹さん、[8]レベッカ・ブラウンさんとお気に入りの本が挙げられた。[9]北九州市の広報誌の巻頭に収められた大谷道子さんのエッセイなどもあった。静かに一冊ずつ、頭の中の深いところからそおっと思い出を引き出すように言葉を選びながら、いつの時代に読んでいた本なのか、なぜ、これらを選んだのか、何冊も著書がある作家さんに対しては、なかでもこの一冊が好きな理由も添え、小学校から現在に至るまで生い立ちをたどるように、話してくれた。川の流れの中にいる

かのような静かな時間――全体にわたってそんな時間だった。「はい、これでおしまい」と茂木さん。シューッと静かに物語の幕が閉じるような、ぱたんと本の裏表紙を閉じたかのような、そんな話の締めくくり方だった。何度巻き戻しても、もう二度と音が出なくなってしまったテープレコーダーのような、もしくはレコード針がレコードの上でパチパチと小さな音だけ立てているかのような、無の世界。でも色をつけるとしたら、乳白色のようなあたたかな白。冷たくはない。あたたかな光がずーっと降り注いでいるような雰囲気にのまれ、なんだか泣きそうになっていた。こんな一面があったなんてね。茂木さんが友人としても、仕事仲間としても見せてくれる、あたたかな一面はこんな空気とつながっていたんだなぁ。

　ところで、今回私が茂木さんの本棚を拝見して新たに読んでみたいと思ったのは、精神科医で、作家のなだいなださんの『おしゃべりフランス料理考』、『ぼくだけのパリ』。それから『天国にいちばん近い島』で知られる森村桂さんの『お菓子とわたし』[10]。後者は茂木さんが中学生のときに読んでいたもの。なんておませな茂木さん……。そうそう、うちのダンナの叔父の著書『鎌倉の西洋館』も本棚に収めてくださっていて、ありがとうございました。それにして

も本棚って怖いですね。占いを見るよりもその人がよくわかる。人によっては誰にも見せない秘密の本棚とかあったりして。あ！　茂木さんにも、もしかしたらあるのでは!?　きっとまだまだおもしろい本を持っていそうだもの。

読書のおとも

でんろく「ピーナッツチョコ」。「これが意外とおいしくて、はまっています」

茂木隆行（もてぎ・たかゆき）
エディトリアル・デザイナー。料理や手芸といった、生活にまつわる実用書のデザインを中心に単行本や雑誌などをデザイン。甘いものと美しいもの、音楽をこよなく愛するデザイナー。

本棚から

①

『クロヴィス・トルイユ　シュルレアリスムと画家叢書「骰子の7の目」第4巻』
レイモン・シャルメ／著、
種村季弘／訳　河出書房新社

「高校生の自分にはとても不思議で理解不能な世界、でもなぜかひかれた。暗くて深い穴を覗き込むような感覚」シリーズ名からもただならぬ雰囲気が。

②

『SAISON de non-no　パリ大地図帳』
集英社

「子供だった当時、パリなんて『どこ?』って思って買ったわけ。ずいぶんと大人びた誌面だったけど、だからこそ、ずっと憧れていられたんだよね」

③

『ワンダフルパーティーズ』
ハギワラトシコ　マガジンハウス

茂木さんが美大時代に出合って以来の愛読書。「食事をする場を、人とのコミュニケーションをはかるパーティーと考えたくなる本」。その数年後、ハギワラトシコさんご本人と出会う。

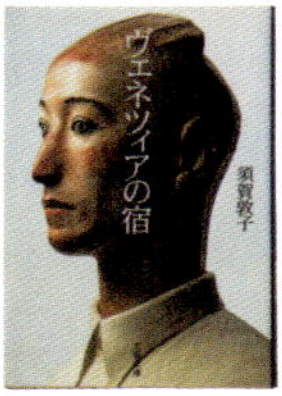

⑥

『ヴェネツィアの宿』須賀敦子
文藝春秋

昭和20年代からイタリアと日本、二国を巡ってきた著者の回想録。茂木さんにとってこの一冊は、心の安定剤のようなものなんだそう。

⑤

『アポロンの島』小川国夫
角川書店

ギリシャを旅する青年の話と、聖書から抜きだしたような一節が交差する作品。「明るくて清潔な空気の中を旅している感じがいい。文庫の池田満寿夫さんのカバーも好きでした」

④

『ニュースタンダードディッシュ』
長尾智子 柴田書店

「掲載されたレシピや写真もおいしそうでステキなんだけど、いわゆる料理本というより、その背景にある着想のヒントを、物語を読むように味わえる本だと思う」

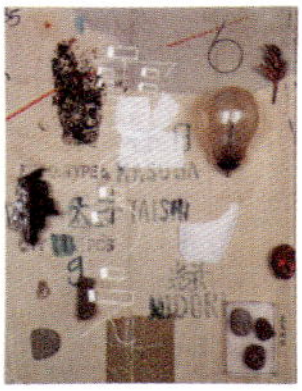

⑨

『雲のうえ6』北九州市にぎわいづくり懇話会 西日本新聞社

大谷道子さんの巻頭エッセイ「街のうた6」がお気に入り。「小倉はまだ一度も訪ねたことはないのだけれど、描かれている情景、感情すべてがみずみずしい。万感胸にせまるとはこのこと」

⑧

『若かった日々』レベッカ・ブラウン
マガジンハウス

著者の若き日々、自伝的な作品。「とある世界の観察者のような淡々とした語り口ながら、急に溢れだす感情がいいんだよね。『体の贈り物』とともに、愛読しています」

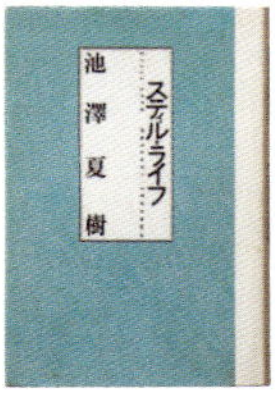

⑦

『スティル・ライフ』池澤夏樹
中央公論社

「思いもよらない書き出しにまずやられる。おだやかな調子の会話で終わるのもまたよし。話の余韻が長く続く。池澤さんの著作は著名なエッセイより、だんぜん小説が好み」

⑩

『お菓子とわたし』森村桂
角川書店

茂木さんが中学生のときに読んでいたもの。「今ではありえないような人情たっぷりのお菓子奇譚。望むところに道は開かれると、子供心にうっとりした」

9

松橋恵理

フランス雑貨店「シャムア」店主

松橋恵理

Eri Matsuhashi

1996年、大阪四ツ橋にある古い煉瓦造りの欧風な建物の3階に、雑貨屋さんがオープンした。当時はまだ雑貨屋さんといっても「F.O.B.COOP」や「ファーマーズテーブル」、「私の部屋」、「キャトル・セゾン」といった大手の経営が主流だった。あとは、大学を卒業して間もない私なんかは、なかなか足を踏み入れることができないくらい敷居が高く、憧れた「ZAKKA」があったくらいで、そのどれもが東京に集中していた。とはいえ、じわじわと個人が雑貨屋さんなるものを開業する波は来ていたようで、この大阪四ツ橋にできたようなお店が、カフェブームといわれる波とほぼ同時期に、続々とオープンした。そのおかげもあってか、雑貨屋さんにカフェが併設されているお店、その逆もまた見られた。

流行り廃りとは関係なく、自分のお店を持ちたい、という素朴な思いから、好きなものを集めた雑貨屋を大阪四ツ橋にオープンした松橋恵理さん。出会いは、かれこれ20年以上前のこと。今は亡き、美術作家の永井宏さんに引き合わせていただいた。あの人とこの人がつながるとおもしろいんじゃないか、いつもそんなシンプルな思いで永井さんは人の出会いを次々につくってこられた。私が今、鎌倉に暮らしているのも、永井さんのおかげだ。長くなるので、この辺の話はまたいつか、ということで松橋さんに話を戻そう。

私より少し年上の松橋さんは、長い髪を三つ編みのおさげにしているか、それを両脇にくるくる丸めているか、といった少女のようなヘアスタイルで、いつなんどきでもニコニコ笑顔でいる。長い付き合いになるが、怒ったところを今まで一度も見たことがない。誰かが言っていた、四ツ橋のマリアさまだと。なるほど確かに、その言葉がぴったりだ。少し年上なのに、私はいつも松橋さんにタメグチ。松橋さんは今でも敬語。これだけでも人間性がよくわかっていただけるのではないだろうか。いつでも、誰にでも優しく変わることのない松橋さん。だからこそ各方面から厚い信頼を寄せられまくりなのだ。

松橋さんが切り盛りするお店の名前は「シャムア」。フランス語でろうそくを意味する。大阪にお店があることもあり、そうしょっちゅううかがっているわけではなかったが、この取材にうかがう前にちらりと、10年ぶりくらいにお店を訪ね、驚いた。何に驚いたかって、お店の様子がまったくと言っていいほど変わっていなかったからだ。松橋さんとは別の場で何度か会っていたので、本人がまったく変わっていないことはわかっていたが、お店も当時のまま、変わっていなかった。扉を開けた瞬間、まるで子供時代にずっと通っていた大好きなところへタイムスリップしたかのようにほっこりした気持ちになった。

フランス好きな松橋さんのお店は、フランスを中心としたヨーロッパ全体のアンティークがぎっしり、いや、ごっそりと店の隅々にまで積み上げられている。大きなものでは洋服やカゴ、オブジェ。小さなものは、ブローチ、ハンコ、キーホルダー、リボン、ボタンなど……。細く廊下のようになっている入り口から、広がりを見せる奥までの、お店をぐるりと取り囲む壁面や、センターに置かれた棚、天井辺りから床まで、これでもかというくらい、モノがギュギューッと詰まりに詰まっているのだ。おうかがいしたときは、ちょうどクリスマス。関西にお住まいのアーティストの方による、プププと笑えるユニークな表情の手作りサンタが、松橋さん作の木製クリスマスツリーにワサワサとぶら下がっていたり、カウンター前にはキュートなクリスマスの焼き菓子も並んでいた。こう書くと、どれだけモノだらけのお店かと思うだろう。けれど、そこが松橋さんマジックとでも言おうか、雑然としているようでそうではない。まるで古くからあるフランスの手芸屋さんのような年季の入ったセンスと佇まい、と言うとわかってもらえるだろうか。モノの重ね方、飾り方のセンスはもちろん、ちょっとやそっとでは出来上がることのない連なりと重なりが実現しているのだ。ちなみにお店のものは松橋さん自身の手でひとつひとつ小さな小袋に入れられ、手描きの小さな字でちょん、ちょん、ちょんと値段と年代などが記された札が添えられている。かなり細かい……。お店の袋にもひとつずつハンコが押されていた。切ったり、貼ったりしている松橋さんの様子を、想像しただけで気が遠くなった。が、そんな手間暇も松橋さんにとってはモノと向き合う至福の時間なのだそうだ。

丁寧に包装されて説明書きが添えられたモノが重なり合い、立体壁画のようになったディスプレイの脇には、カフェスペースもあり、そこでは自家製のスイーツやフォカッチャ、クロックムッシュなどがいただける。これがまた絶品！　特に生の桃がたっぷりのった季節限定の桃のタルトは、フレッシュな桃の優しい甘みとふんわりした生クリーム、サクサクしたタルト生地が層になり、おいしさの弾丸となって押し寄せてくる。思わずホールで

食べたいくらいなのだ。

とまぁ、ディスプレイに、お店のフードの仕込みにと、とにかくいろいろとやることがあり、お忙しい松橋さん。お子さんもまだ小さいのでお迎えやらごはんやら、と家事もある。だから今はなかなかゆっくり本を読む時間はないけれど、昔から本は大好きで、いつも好きなものは手元に置いているから、ということで、今回は、ご自宅ではなく、お店に置いているものを見せていただくこととなった。

雑貨屋さんをする前、服飾メーカーにお勤めしていた松橋さん。高校卒業後に通っていた服飾学校では、習うことのほとんどが、フランスのことだった。そこから、知らず知らずのうちにフランスへと興味が湧き、何度も旅に出かけるうち、今の道へと至るのだが、本もフランスの文化に傾倒したものが少なくない。例えば、ジャン・コクトー[1]。2001年に京都で行われた展示の際の図録やドローイングのほかにも、自宅にあるものを合わせると結構な冊数になりそう、と松橋さん。特にコクトーの一筆書きが好きだそうで、何度もページをめくり返していたのが、よれてクタクタになったページの端から見て取れる。フランスといえば、かつて習っていたフランス語教室の教材[2]も大切にしている、と本棚から取り出してくれた。

「駅前に、12ヶ国語を話せる先生が教えるフランス語教室、と貼り紙がしてあって、12ヶ国語を話せるってどんなんだろう? と思い、半ば興味本位で出かけたのがフランス語を習い始めるきっかけでした。結構、がんばって勉強していましたね~、この教材を見る限り(笑)。今は、いい出会いがあり、うちのお店のカフェでフランス語教室をしていただいているので、教室に通わなくてもよくなりましたが、この教材は今でも大事にしていて時々見返しています」

vintage fabric style
COCTEAU

20年ほど前に通っていたという教室の教科書は、中のイラストやレイアウトが今見ても新鮮でかわいいものだった。中には、鉛筆でメモや線が引かれた跡が。ほんと、ちゃんと勉強していたのね……。フランス語を勉強し、ますますフランスへの旅もおもしろくなってきた頃に手にした『フランス語 自遊自在』[3]は、頼りになる旅の相棒だったという。英語版のほうでお世話になったという人も多いのではないだろうか。フランス語教材と同じく何か松橋さんの勉強の足跡が残されているかとページをめくると、おや!? みうらじゅんさんのサインが!?

「笑。時間があるときに単語でも覚えようと思って、フランスに出かけるとき以外にも持ち歩くようにしていたんです。ある日、みうらじゅんさんのイベントに行ったとき、サインをしてもらいたい！ と思ったけれど、この本しかサインできそうなものを持ち合わせてなくて……」

1993年刊の『フランス語 自遊自在』には、そんなわけでみうらじゅんさんのサインが。しかもそのサインは「うーん、マンダム。みうらじゅん」って……。何度もそのページと松橋さんを行ったり来たり見ては、笑い泣き。いやぁ、なかなかやろうと思ってもこんなすごい技はできないです。みうらじゅんさんとまったく関係のない本に、みうらさんの愛あるサイン。さすが、松橋さん！ ちなみにこの本は今でも、フランス渡航の際はしかと握りしめて行っているのだとか。

フランス関係以外では、仕事の合間にパラパラめくり、もの作りへの想像力を掻き立ててくれるものがお気に入りということで、キルトやニットの洋書[6]も並んでいた。英語やフランス語で記されたそれらは、いくらフランス語を習っていた松橋さんといえども、そんなスラスラとは読めないらしく、眺めるに限っている。が、手縫いや編み物など手作りが得意という松橋さん、最近ではお店の常連のお客さんのウェディングドレスを縫うという壮大なお仕事を成し遂げたそうで、そういう依頼があったときにも、昔の手芸に関する洋書は、眺めているだけでムクムクとアイデアや想像力をたくましくしてくれ、頼れるのだそうだ。

なんでも手作りが得意な人は、手先が器用だからか料理も上手な場合が多い。松橋さんもそんな人の一人。ちらりと書いたようにお店で出しているスイーツは、自家製のほっこり感と人を幸せにするプロのおいしさが合わさった松橋さんにしか編み出すことのできない味わいだ。手芸以外にお気に入りとして松橋さんが見せてくれたもので目に付いたのは、コーヒーにまつわるものや、[8]フランスのおばあちゃんのレシピがまとめられた古本。しかもその本のカバーとお店のカフェのメニューが同じ柄だった。

「偶然なんですけど、お店をやるときに『マリ・クレール・メゾン』に載っていたメニューがかわいかったので、自分でもお店用に真似て作ったんです。そしたらそのあと偶然、この本を見つけて」

おばあちゃんのレシピが２００ほどまとめられたその本は、お菓子のほか〝牛肉とトマトとピーマンの煮込みハンバーグ〟といったおばあちゃんならではの、昔懐かしいメニューがまとめられたもの。今は日々眺めて楽しみつつ、いつかお店のメニューとしてもいくつか登場させたいなぁと思っているのだとか。ほのぼのとしたお店での時間。忙しく、ひとときもゆったり座る時間がない松橋さん。取材をさせていただいている間も、常連だろうと思われるお客さんが、ひっきりなしにやってきては、松橋さんと世間話をしてお茶を飲み、お店を何周もまわって、しゃがんで、戦利品を見つけてはホクホク顔で帰っていくという光景を幾度も目にした。その間、松橋さんはずーっと店内をちょこちょこ行ったり、来たり。同行したカメラマン公文美和さんともずいぶん長い付き合いだが、こんな姿は初めて見たかも!?　という興奮ぶりで店を徘徊していた。何周もしては、「こんなの見つけたー！」と満面の笑み。まるでフランスのブロカントに出かけた後のように数々のお宝をゲット。大満足だったよう。興味深かったのは、「右周りに

店を見たときと、左周りに見たときだと見つかるものが全然違う！」という、高揚していたからか、自信たっぷりの変な発言。松橋さんは一体お店にどんな魔法をしかけているんだろうか？　松橋さんなら、さりげなくにっこりと笑いながらそんないたずらをしかねないなぁ。それにしてもここは、ほんとにお宝がザクザク。自分の中にある少女の頃の気持ちをオープンにすると、松橋さんの魔法とワナに、あの棚でも、この棚でも引っかかってしまうという不思議な空間なのだ。いつもは本棚を見せていただき、本人からは想像できないお人柄を知ることが多いのだが、松橋さんの本棚はどの角度から見ても、間違いなく松橋さんそのものだった。本棚から想像すると、全面に自分を出しているように思える。けれどもまだまだ謎に満ち溢れている松橋さん。変わってないようで変わっている店内には、まだまだお宝が眠っているのだ。

読書のおとも

カフェで食べられるクロックムッシュや季節のタルトが本読みのおとも。

松橋恵理（まつはし・えり）
大阪・四ツ橋にある、21年続く雑貨店「シャムア」の店主。年に一度フランスを中心にヨーロッパ方面に買い付けに出かけて集めてくる雑貨は、松橋さんという人のフィルターを通した、かわいいだけに収まらない、おもしろみ溢れるアンティークがたくさん。お店にある古着の着方などのアドバイスもしてくれるので、いろいろ試してみるといいかも。神戸にて息子とご主人の三人暮らし。

本棚から

①

『ジャン・コクトー展-美しい男たち-』
図録 Bunkamura ザ・ミュージアム
『Drawings』Jean Cocteau

美しい男たちというサブタイトルの作品集は、2001年に京都でコクトーの展示があった際の図録。松橋さんが好きな一筆書きの作品多し。

②

『La France En Direct 1』
J & G Capelle

12ヶ国語を話す先生が主宰していたフランス語教室の教材。おしゃれなイラストとデザインは今見ても秀逸。とても20年前のものとは思えないほどイカした教材である。

③

『ひとり歩きのフランス語 自遊自在』
日本交通公社出版事業局

個人旅行の頼りになる旅の外国語本。ホテルで、スーパーでなど、旅の言葉集がまとめられている。松橋さんはこの本になぜか、みうらじゅんさんのサインをもらっていた……笑。

⑤

『民芸の旅』
『コーヒー入門』保育社

保育社という大阪の出版社によるシリーズ本。『コーヒー入門』は昭和46年刊。『民芸の旅』は昭和47年刊。オールカラーの文庫という贅沢なつくりは、今はなかなかない。時代を感じる。このほかにも、ワインと料理、スタミナ料理、ハワイ、ヨーロッパのカフェなど、いろいろ気になるもの多し。松橋さんはこのシリーズが好きで、骨董市などで見つけては買ってきてしまうのだそう。

④

『柳宗民の雑草ノオト』柳宗民
筑摩書房

小さなちょちょこしたものに囲まれている松橋さんは鳥モチーフが好きらしく、お店を見回すと、あちこちに鳥モチーフが見つけられる。それと同じくらい、雑草好きな松橋さんの最近お気に入り。

⑥

『New Knits』Erika Knight
『Quilts in a Material World』Linda Eaton
『Vintage Fabric Style』Lucinda Ganderton, Rose Hammick

眺めているだけで想像力が湧く、松橋さんのものづくりの原動力になる洋書。いずれも今の時代のものではなく、だいたいが20年ほど昔のものということと、写真が美しく、おっしゃる通り眺めているだけで楽しめるという点が共通している。それにしても海外のものの色使いはほんと、カラフルで楽しい。

⑧

『200 Recettes de ma Grand-mère』

おばあちゃんのレシピ200。買ってからずいぶん経つけれど、これも眺めて楽しむ方面にまだ在籍中。いつか実際に作ってカフェのメニューとして活躍させたいと思案中。

⑦

『暮しの手帖 第1世紀47号』
暮しの手帖社

ハムとベーコン、ソーセージの説明に"かまぼこ、ちくわのようなもの"と記された、1958年冬号。絶妙な説明と、それをフォローするレイアウトと色使いは、今見ても匠の技を感じる。

CUEL
食材図典
おいしい洋酒の事典
Cocktail Book
JAMIE OLIVER
Indian Cooking
NEW YORK PARTIES
クッキング基本大百科
英語でつくる和食

ハギワラトシコ

フードコーディネーター
ケータリングサービス
「CUEL」主宰

ハギワラトシコ

Toshiko Hagiwara

久しぶりにお会いした帰り道で、何度「すごい」と「さすが」を口にしたか考えていた。ケータリングサービス「CUEL《キュール》」を主宰しているハギワラトシコさん。お会いしてからかれこれ20年ほど経つが、想像を超えた料理のコーディネートやご本人の発想のおもしろさ、勢いは変わらず……いや、むしろさらにパワーアップしているように感じた。始まりは、憧れから。雑誌『装苑』のクッキングページでハギワラさんの料理とスタイリングに釘付けになった私は、いつかお会いしてみたい、と思っていたのだ。その後、何がきっかけだったかは思い出せないが、テレビの料理番組や雑誌などで何度かお仕事をご一緒させていただく機会に恵まれた。１９９０年代後半から２０００年の初め頃にかけては、フードイベントが走りの頃で、ハギワラさんが参加されるイベントは特に楽しみだった記憶がある。

ハギワラさんの何が素敵かって、フードと、それ以外に興味のあるものを結びつける天才だから。一般的に言う「かわいい」とはいい意味でかけ離れた、ぶっ飛んだ「おもしろかわいい」に、いつも私は虜になり、発想のアンテナの先がどこにあるのか、常に気になっていた。ほっこりという言葉とはほど遠いご本人。毎度何かしらキラリと光るファッションで料理に向かっている姿も変わりなかった。今日は一見シンプルなグレーのTシャツにタイトスカート。それにビット・モカシン。けれども、Tシャツの上からふわりと巻かれたスカーフは、なんとエルメスのスカーフをご自分で染め直したもの！　GUCCIのビット・モカシンには全面にトゲトゲが出ていた。まず、ここで「さすが！」と思った。と、同時に昔、ハギワラさんが何かの番組か雑誌で、黒いマニキュアを塗ったピカピカ黒光りする指で料理をなさっていたことを思い出した。今でこそ、さすがに黒まではいかずとも、ピンクのマニキュアくらいはしている人がいそうな気もするが、20年くらい前となると、マニキュアをしたまま料理番組や雑誌の料理ページに出る人なんて、まずいなかった。ましてや黒なんて（笑）。「自分のやるべきことはやる。ずっと変わってないのよ」そんな昔話をしたら、ハギワラさんはさらりとそう応えてくれた。そうだった、私はこういうことも含めて憧れていたのだ。まざまざとその頃のことが思い出され、やっぱり「すごい」と、本棚を見る前からあらためて思ってしまったのだ。

　ハギワラさんは仕事場と自宅の両方に大きな本棚を所有している。今回拝見させていただいたのは仕事場のもの。何度かうかがっているはずの工房だが、本棚がどんなふうだったかまったく思い出せなかった。ただひたすら覚えているのは、そのときどきに作られてきた、おいしくて、ファニーな食べ物のことばかり。試食のとき「おいしい！」と言うと、ハギワラさんは決まっていたずらな笑顔とともに「この見た目からは想像できなかったでしょ」と、返してくれた。工房内は厨房と事務所に分かれていて、事務所側の壁に沿って置かれた本棚は「気付かないでね」といわんばかりに、静かにちんまりと収まっていた。とはいえ、決してサイズ的に小さいわけではない。むしろ大きいと言ったほうがいいくらいだった。素っ気ない工業製品ゆえ、そんなふうに見えたのかしら？　職員室にあるようなグレーの事務的な本棚の、ガラス張りの戸の向こうには、料理本のほか、外国の写真集のような背表紙がお行儀よく並ん

でいるのが確認できた。

ハギワラさんのお気に入り本のいくつかは、文化出版局から出版されていた『大草原の「小さな家の料理の本」』[1]や『赤毛のアンのお料理ノート』『プーさんのお料理読本』[2]など、物語に出てくる料理を、お話をもとにレシピ化したものだった。大草原の小さな家のレシピは、牡蠣や豆のスープといった、すぐにでも物語を思い出せそうなメニューが。プーさんのレシピは、〈ピクニックや探検に出かけるときの食糧〉の章で、〝クレソンのサンドウィッチ〟、〝積み重ねサンドウィッチ〟。〈お食後やパーティのために〉の章では〝バターつきパンのプディング〟や〝はちみつをかけて焼くバナナ〟など、章立てもレシピも、そのネーミングだけでワクワクする料理が並んでいた。なかでも一番影響を受けたという『アリスの国の不思議なお料理』をめくると、〝かんしゃく持ちマスタード〟、〝お食べなさいケーキ〟といった、ハギワラさんのお料理を彷彿とさせるメニュー名が目についた。昔から、物語を読んではそこに出てくるものを想像するのが好きだったというハギワラさん。ファンタスティックな数々の料理は、そんなこともルーツのひとつだったのかもしれない。ご自身が料理とスタイリング

を担当し、カメラマンの長嶺輝明さんが撮影をした、本間千枝子さんとなみきみどりさん著の[4]『世界のメルヘンお料理ノート』は、その片鱗が垣間見られる一冊。メアリー・ポピンズの〝木いちごのお菓子〟は、井の頭自然文化園のメリーゴーラウンドをバックに撮り、「最後のよき土地」に出てくる〝ハム、コーンブレッド〟や鱒《ます》の料理は、富士山の麓まで撮影をしに出かけたのだそうだ。丁寧に、楽しく、時間をじっくりかけ、手間暇かけて本作りがされていた時代の話は、聞いているだけでワクワクする。心底そこに憧れていた私は、さわりだけでもその時代を味わえたことに感謝した。そして、その時代をつくってきた人たちと少しでもお仕事をご一緒させていただけたことをありがたく噛み締めた。今もやろうと思えば、できなくはないのかもしれない。けれども時代の大きな流れに呑まれ、頭を垂れている自分がいるんじゃないだろうかと自問自答して落ち込んだ。

そんな私をまったく気にもせず、ハギワラさんは本棚から次なるお気に入りを持ってきた。[5]『HIGH-TECH』——1978年刊のそれは、インダストリアルスタイルがまとめられたもの。グラスブロックや鉄板の模様など、思いもよらないものからインスパイアされて造られた空間は、今見ても斬新だった。それに続けて[6]『TIFFANY TASTE』。ティファニーのデコレーターが世界を旅しながら、さまざまな場所でテーブルコーディネートした一冊には、香港の夜景が望める部屋に上海蟹が並ぶ食卓、トラ柄の

椅子が並んでいた。さらに、バブルラップのテーブルクロスの上に並ぶ生牡蠣、なんとハワイのイオラニパレス（ハワイ王朝時代のもので、アメリカ唯一の宮殿）でも料理撮影をしていた。食器もスタイリングも、いい意味でバカバカしいものばかり。それに豪華絢爛な食事を合わせてしまう奇天烈ぶりに、ここでもまたハギワラさんを思った。「世界レベルはさ、ここまでやんないと。日本人はおとなしすぎる」と言うハギワラさんの言葉に、いえいえ、日本代表がここにいらっしゃるではないですか、なんて思う私。

　さらに「これ、どれを見ても飽きないのよ。今見直したら、昔見えなかったものも見えてきたなぁ。そう、みんな自分が知っているものに対してだけ、いいって言い過ぎている。知らないことの中にもいいと思えることってあるはず。むしろ自分がわからないことのほうが自分を高めてくれるんじゃないかなぁ」。はい、おっしゃる通りです。ブスッと胸を突き刺すお言葉。保守的になるつもりはないけれど、ついついそうなりがちだよな、と反省。落ち込んだり、反省したり、ハギワラさんへの

読書のおとも

本を読むときはラムネなど、ガリガリ噛むものがいい。噛みながら頭に入れているのかも。

「すごい」と「さすが」を口にするたび、そんな思いが重なっていった。

　知らないことといえば、当時は読んでも何のことやらわからなかったという、T・ストバート著の[7]『世界のスパイス百科』もお気に入りとして出てきた。ミントのことを〝はっか〟と訳しているこちらは、昭和56年刊のものだった。

　終盤、ハギワラさんご自身の今までの著書をパラパラめくり、時に思い出話も交えつつ、本のことをさらに話しながら、『ハギワラトシコのヒーリングクッキング』にあった、こんなタイトルたちが目についてしまった――〝燃え尽き

症候群のお友達とティータイム〃、〃青魚を食べて猫と友達とみんなでクレバーになろう!〃。なんとも勢いのあるタイトル。どかーんと大きく打ち放たれたこの見出しを見て、やっぱりこれほど「さすが」と「すごい」がぴったりな人はいないと、確信した。

ハギワラトシコ
ケータリングサービス「CUEL」主宰。ファッションブランドのオープニングやショーなどのケータリングを中心に活躍。著書に『勝手におやつ』、『ワンダフルパーティーズ』、『映画を食卓に連れて帰ろう』など多数。その著作や、数々のフードイベントは、料理業界の慣習をいい意味で崩し、新たな時代を作り上げてきた。常に好奇心のアンテナを張り巡らせ、良いと感じる方向に邁進し続けるパワーは尽きることがない。

本棚から

①

『大草原の「小さな家の料理の本」』
バーバラ・M. ウォーカー／著、ガース・ウィリアムズ／絵、本間千枝子、こだまともこ／訳 文化出版局

牡蠣のスープ、豆のスープなど夢あるレシピが並ぶレシピ集。

②

『プーさんのお料理読本』A.A. ミルン
文化出版局

「発売当時に購入したものだけれど、どのページを読んでも、料理からもメニュー名からも、ワクワクする感じが今もあるのよね」とハギワラさん。この他には、赤毛のアンなども。

③

『マザーグースの料理絵本』
フランシス・シェリダン・グラール／著
ドナルド・ヘンドリックス／画
谷川俊太郎／訳 主婦の友社

幼い時に読んでいた本の中の料理が大好きだったハギワラさん。いつもどんな料理かを想像していたから、この本が出たときは感激したそう。

④

『世界のメルヘン お料理ノート』
本間千枝子、なみきみどり
日本英語教育協会

メアリーポピンズをはじめ、児童文学や小説に出てくるお菓子や料理を時間も手間もかけて作った気持ちの入った本。スタイリングはハギワラさん、長嶺さん（P.88～）が撮影を担当。

⑤

『HIGH-TECH : the industrial style and source book for the home』
Joan Kron、Suzanne Slesin

「昔はこういう高価な洋書をたまぁに買っていたなぁ。それで持って行かれないように名前を記して事務所に置いていたくらい」。1978年刊。

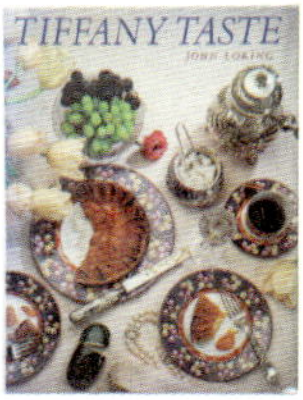

⑥

『TIFFANY TASTE』
John Loring

ティファニーのデコレーターが世界を旅して各国でテーブルコーディネートをする、どえらい写真集。どのページを見ても、ぶっとんだシチュエーションにいちいち驚いてしまう。

⑦

『世界のスパイス百科』トム・ストバート／著、小野村正敏／訳 鎌倉書房

スパイスについて解説された辞典。監修は、辻静雄さん。今でこそ浸透しているスパイスも、昭和56年当時は、これくらいの認識だったのかと思いながら読むとなお、おもしろい。

⑧

『グリル料理』
ケリー・マックンほか／著
西川治／監訳 ソニー出版

おしゃれアウトドアがすっかり定着しつつある昨今こそ、こんなグリル料理本が欲しかった！ と思う人も多いはず。1987年刊。

⑨

『辻留　季節の点心』
『辻留　春の料理』
『辻留　夏の料理』
『辻留　秋の料理』
『辻留　冬の料理』
辻嘉一
婦人画報社

「昔は見えてなかったものが、今は見えてきた気がするのよ。そういう意味でもこの本は今読むとより沁みる。どこを見ても飽きないし。実は結構、和のパーティーもやるのよ。大きな桜餅と草餅とか、豆だらけとかね、笑」。今なおハギワラさんを魅了する懐石料理のすべてがまとめられている。

ハギワラトシコさんの著書

『私のデリカッセン』雄鶏社
『CINEMA & CUISINE』同文書院
『チャーミングなおやつ』ソニー・マガジンズ 『ハギワラトシコのヒーリングクッキング』文化出版局 『ワンダフルパーティーズ』マガジンハウス

料理名やキャッチコピーに心をわしづかみにされてしまう人のなんと多いこと。『ワンダフルパーティーズ』の“軽い料理と深い友情の作り方”から始まり、『ハギワラトシコのヒーリングクッキング』では“作る人はあなた、食べる人はあなたの友達”といったふう。読むだけでおいしいものを食べたように癒やされる、不思議な気持ちになれる本ばかり。

11

THE AMERICANS
PHOTOGRAPHS BY ROBERT FRANK
Introduction by Jack Kerouac
Eggleston's Guide
UNCOMMON

長嶺輝明

カメラマン

長嶺輝明

取材依頼をすると「僕!? 僕の本棚には写真集しかないですよ」との返事。「大丈夫ですよ。どうぞよろしくお願いします」と応え、当日、うかがってみると「やっぱり、自分の人生に影響を与えたとか、そういう本のほうがいいかな?」と、真面目な性格ゆえ、ちゃんと考えてくださっていた。

長嶺輝明さん、60歳を優に超えた今も現役で活躍しているカメラマン。私の憧れの人というか、こういう仕事をしたいと思うきっかけとなった料理本を世にたくさん送り出してきた、いわば今の料理本のベースをつくってきた先駆者のお一人だ。もう20年以上も前に初めてお仕事させていただいて以来、ずっとお世話になっている。今回、長嶺さんの本棚をあらためて見てみたいと思ったのは、私が20代後半の頃に、何かの企画の打ち合わせの際に見せてもらっ

た、アメリカの風景写真集、数冊が印象的だったから。そこには、映画やテレビでもなかなか目にすることのないアメリカがあった。そろそろ50歳になろうかという私くらいの年代を最後に、アメリカのカルチャーに対する憧れのようなものを持っている世代は終わったと言っても過言ではない。当たり前といえば、当たり前だ。なかなか目にすることのできなかった海外は、インターネットで調べれば、なんでもわかるし、見ることもできる。そして、あっという間に身近になった。グーグルマップを開けば、まるでその地を歩いているかのごとく世界が詳細にわかる。けれどもそれはあくまでも架空であって、機械の中でのこと。見たものすべてが実感として自分の中に残るかどうかは疑問だ。実感も印象も、人それぞれだと言ってしまえば簡単なのだろうけれど……。

　長嶺さんがその写真集を見せてくれたのは、まだ、携帯電話を一人一台持つのもままならない頃のことだった。青白い光の中で、消え入りそうな赤いネオンを放つモーテルのサインと古いアメ車。道はずーっと遠くまでのびていて、人影もない。さみしいけれど、なぜだか希望に満ち溢れているようなその写真は、以来私の心の片隅に小さな居場所をつくった。それをもう一度見てみたいという思いに、この本の撮影を担当しているカメラマンの公文美和さんが長嶺さんのお弟子さんだったことも加わって、「長嶺さんの本棚ってどうだった？」と聞いたところから話は始まった。「すごいいっぱい、いい写真集があったはず。私も久しぶりに見てみたい！」と公文さん。

　こざっぱりと整理されたミーティングルームから奥の奥へ進むと、パソコンやスキャナーなどといった機械がぎっしり脇をかためた仕事部屋の壁際に、大きな本棚が2つ。「ここには料理本はないけど、いい？」。長嶺さんはまるで編集者のように、今日の撮影の内容構成を気にしてくださっている様子。けれども私も公文さんも、その言葉を聞きつつも、目の前に現れた巨大な本棚をすでに食い入るように見入っていた。長嶺さんは私たちの行動を気にすることなくこう続けた。「ここはインテリジェントルームだからね、ほとんどが写真集。仕事柄買っていたというより、人生的に必要で買っていたんだよ。でも一回くらいしか見てないものもあるかもね（笑）」

本棚から何冊か取り出しながら、「若いときはお金がないから吟味して、考え抜いて買ったよ。3000円で買ったものが今じゃ10万なんてのもある。こっちとしては、3000円でも、当時はずいぶん思い切って買ったんだけどな」と言うと、勝手に本棚から写真集を引っ張り出して見ている私たちに、「美和ちゃん、写真はちゃんと撮っている？」「赤ちゃん（私のことです）はメモとってる？」と、気にしている。そのたびに公文さんと私は口を揃えて「大丈夫です、ちゃんとやってます」と応えたけれど、目も心も、手にしている写真集に釘付けだった。

長嶺さんは大学卒業後、カメラマンになる前の10ヶ月間

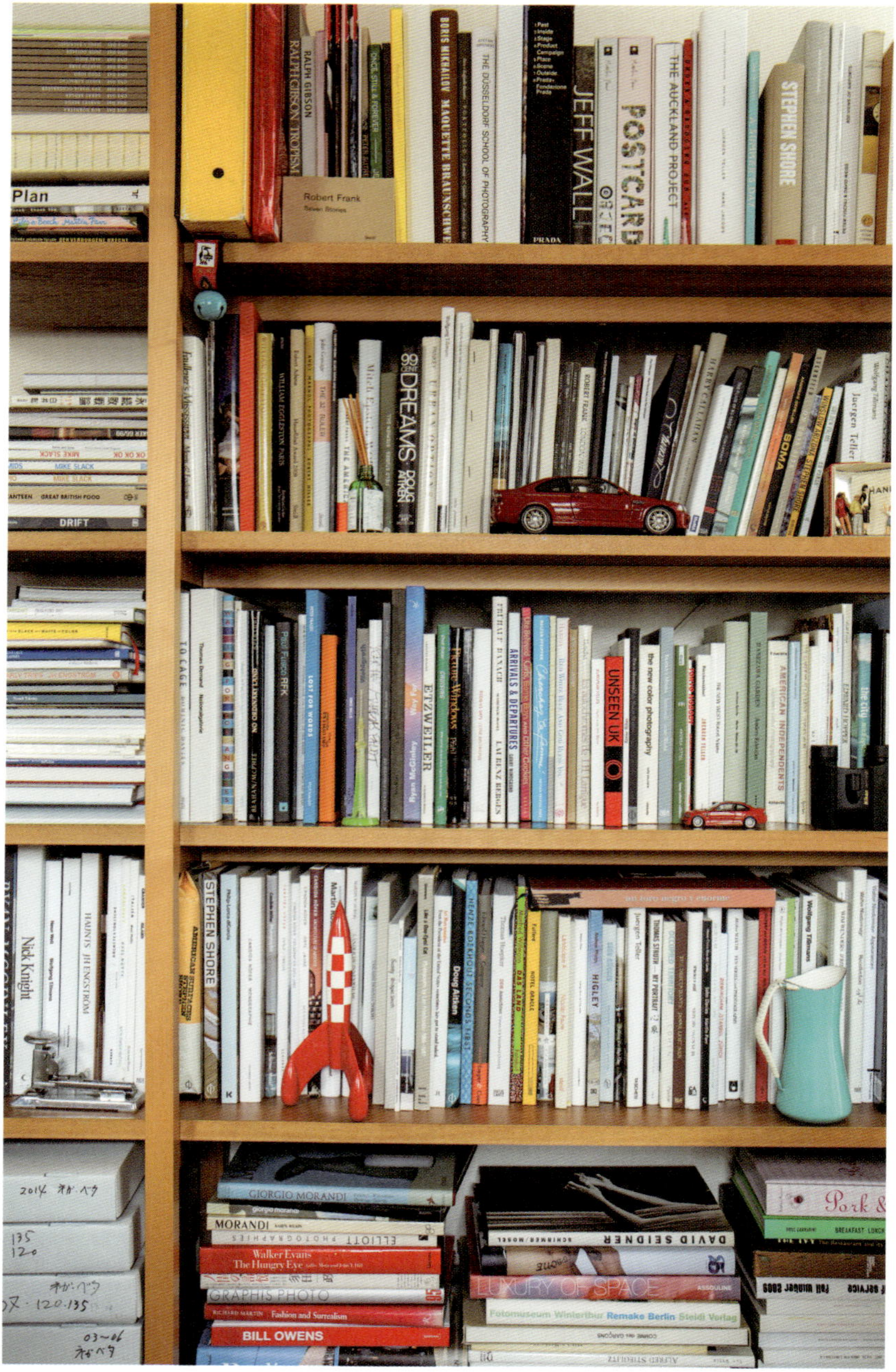
RALPH GIBSON TROPISM
Robert Frank
Seven Stories
BORIS MIKHAILOV MAQUETTE BRAUNSCHWEIG
THE DÜSSELDORF SCHOOL OF PHOTOGRAPHY
PRADA
JEFF WALL
POSTCARD
THE AUCKLAND PROJECT
STEPHEN SHORE
Plan
DRIFT
MIKE SLACK
99 CENT DREAMS
SOMA
Juergen Teller
Paul Fusco RFK
LOST FOR WORDS
ETZWEILER
UNSEEN UK
ARRIVALS & DEPARTURES
the new color photography
AMERICAN INDEPENDENTS
STEPHEN SHORE
Nick Knight
Doug Aitken
Wolfgang Tillmans
GIORGIO MORANDI
MORANDI
ELLIOTT PHOTOGRAPHIES
Walker Evans
The Hungry Eye
GRAPHIS PHOTO
Fashion and Surrealism
BILL OWENS
DAVID SEIDNER
LUXURY OF SPACE
ASSOULINE
Fotomuseum Winterthur Remake Berlin Steidl Verlag
BREAKFAST LUNCH
fall winter 2009
2014 ネガ・ベタ

長嶺輝明

だけアパレルメーカーの会社員だったことがある。カメラマンへと転身したのは、偶然にも時代性の強い写真集を見てしまったからだそうだ。

「写真も詩みたいなところがあるからね、とてもシンプル。些細なというか、ありふれたものが写っているから」。そう言いながらページをめくっていたのは、1974年に発売された高梨豊氏の『都市へ+東京人』[1]。長嶺さん曰く、これがいわゆるコンポラ写真。なんでもない社会的風景をロックなテイストで撮ったもの、らしい。オフクライマックス、いやらしく言うと〝寸止め〟みたいなもの、と言われたけれど、私にはその雰囲気も意味合いもまったく理解できなかった。モノクロームの写真に写っているものは、確かに何気ない町の様子だ。何気ないけれど時代背景のせいか、街の雰囲気がどこかしらもの悲しく見える。本のカバーにはなんと、豪勢なことにカーブミラーが貼り付けられている。内容云々より、単純にこんなことができる時代だったんだなぁと、まず、そこに感心してしまった。

そのあとも、カメラマンになろうと思ったきっかけであるRobert Frankの『THE AMERICANS』[2]や、野球の練習をする人、映画館など、80年代の日常を写したSTEPHEN SHOREの『UNCOMMON PLACES』[3]や、長嶺さんの本棚内で何冊もこの名を見た『Luigi Ghirri』[4]などをめくりながら話は続いた。

街でイヤホンをしている人やカートを押している人、美術館の警備員などが写るSTEPHEN GILLの[10]『A BOOK OF FIELD STUDIES』をめくりながら、長嶺さんの話も、写真集の良さもどうにか頭で理解しようとする私を諭すように長嶺さんは続ける。「具体的に何が良くて、ということじゃない。そうだなぁ、音楽と一緒だよ。感じられればいい。今は、意図的にヘタな写真を撮るプロが増えてきている。それもこういうことの表れかもね。赤ちゃんが見ているその写真集だって、特別なものと思わず、ただの都市カタログとして見れば、なんていうことはないでしょ？」

なるほど。気負いすぎていたのかもしれない。20数年前のあのときと同じように、ただひたすら景色として見て、いいなと思えたらそれでいいのか。難しい話すぎたかな、と気にしてくれたのか、「こんな写真ばっかりじゃなくて、〝腰痛の治し方〟とか〝葬儀の出し方〟とかね、そういう新書もよく買うし、読むよ」と言い、長嶺さんは笑った。

少しほっとした私は「本を読むときのおともはなんですか？」と、おもむろにいつもの質問をしてみた。すると「おとも!?」と、すっとんきょうな声で、なんのことやらという返答がかえってきたので、「例えば、柿ピーを食べながらビールを飲んで、とか、コーヒーがないと、とかあるじゃないですか？」と説明すると、「何も食べないよ。だって写真集が汚れるから」。とあっさり。ごもっともです。

「ちょうどいい、ケーキを焼いておいたから休憩しよう。出した本は棚にしまって」。そう言って自身が焼いたというレモンパウンドケーキを切り分け、コーヒーを淹れてくれた。そのおいしかったこと！　カメラだけではなく、おしゃれなおじさんというだけではなく、こんなワザまで持ち合わせていたとは……。

そうか、そうだ。感じられればいいのだ。と、取材を終

えた気でいた私に「続きを話すから仕事部屋に戻ろう」と、長嶺さん。話はまだ続いていたのだ。な、長い！

再び話が始まった。最初に出てきたのは、マーク・ジェイコブスやルイ・ヴィトンの広告写真を撮っているJUERGEN TELLERの写真集。その名も『JUERGEN TELLER』[15]。自分自身のポートレートも、目を見開いたベイビーも、なんだか凄みを帯びていて、こちらに迫ってくるようなリアルな勢いに、見ていて苦しくなってきた。

「変なものに目がいくって大変なことなんだよ。労力がいる。それでいてどこまでも私的に、隙間を見て撮っていく。目にすることはあっても、見るってことまではしないでしょ。写真集を見るっていうのはそういう意味で、今まで見てこなかったものが見える時間でもあるんだよ」

長嶺さんがこれまで撮影してきた料理の写真は、かわいいだけじゃなかった。なんというか、ドンと突き出されたような強さがあり、パンチがきいていた。ふわりとした空気をまとっていただけかというと、決してそうではなかった。アメリカのダイナーでカウンターに置かれていたドーナッツも、フリルのエプロンをつけたウェイトレスのおばちゃんも、ハワイでともに撮影取材したふわふわのパンケーキも、ただかわいいだけじゃなかったのはこんなふうに、言わば隙間のようなものがそこにわずかに覗いていたからなんだろうか。

子供の頃から、ありそうでなさそうな話が好きだったという長嶺さん。自分の能力と、好き嫌いは関係していると も言っていた。それで唯一、自分が持っているものは何だろうかと考えたとき浮かんだのは〝おしゃれ〟だったそうだ。大学ではマルクスよろしく、バリバリ経済学をやっていたけれど、いまいちピンとこなかったこともあり、ファッションの道へ進んだ。ところがそれも違った。それで写真へと転身。自分では「結局、写真も商業的にいっちゃったからなぁ」と言うけれど、私から見れば、その写真を見てカメラマンになったり、本作りに憧れた人もたくさんいたのではないかと思う。特に忘れられないのが、ハギワラトシコさん（P.80〜）の著書『東京エスニック料理読本』。日本にもこんな本があるんだ！　と興奮したものだ。そう伝えると、「あれはね、神様が降りてきて撮影してくれたように不思議な時間だったね」とにんまり笑った。

THE AMERICANS

写真集の話はここまで。わかったようでわからなかった。わからなかったようでわかった写真集の話。家に帰り、自分の本棚を見直してみたら、偶然にも長嶺さんちの本棚で見かけたJoel Meyerowitzの『A SUMMER'S DAY』(1985年)が差さっているのが目に付いた。ダンナに「これ、いつ買ったの?」と訊くと、「え? それは、かおりのだよ」との返事。なんだ、私も感じて買っていたんじゃん、写真集。と思いながらページをめくり、見覚えのない写真を見て気付く。買ったまま、見ていなかったんだ、きっと(笑)。

長嶺輝明

☛本棚から

①『都市へ—高梨豊作品集』
高梨豊 イザラ書房

さりげない街の風景をロックなテイストで撮影。長嶺さん曰く、オフクライマックス=寸止め的な写真集。表紙にカーブミラーを施す豪華な造りにも注目。

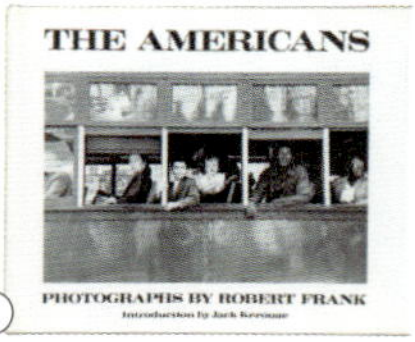

②『THE AMERICANS』
Robert Frank

「Robert Frank:Books and Films, 1947 -2016」が2016年、東京藝術大学にて開催。今なお活動を続ける写真家の、1958年発表の代表作。1924年スイス生まれ、92歳。

③『Uncommon places』
Stephen Shore

1970年代に旅をしながら8×10の大型カメラで撮影した、野球の練習をする人、バスを待つ人など、何気ないアメリカの日常風景を写し出した写真が淡々と並ぶ一冊。

④『Luigi Ghirri. Mostra antologica, 1972-1992.』Luigi Ghirri

作家・須賀敦子全集のカバー写真でも知られる写真家、ルイジ・ギッリの、70年代から90年代に撮影された写真を収録した復刻版。

⑤『I luoghi della musica』
Luigi Ghirri

写真家、ルイジ・ギッリが音楽家のルーチョ・ダッラとともに訪れたボストン、ニューヨークで撮影した、音楽に関する作品集。巻末に二人の対談も収録されている。

⑥『Voyage dans les images』
Luigi Ghirri

長嶺さんが敬愛するイタリア人写真家の自叙伝集。写真とテキストで構成された、ちょっと見、教科書のような一冊。

⑦

『写真講義』ルイジ・ギッリ、
ジャンニ・チェラーティ／著
萱野有美／訳 みすず書房

イタリアのカラー写真のパイオニアとして知られる写真家による、写真の基本から技術、写真論などを記した書。自身の作品も収録。

⑧

『Morandi's Objects』
Joel Meyerowitz

イタリアの画家ジョルジョ・モランディの描いた作品を、写真家ジョエル・マイエロヴィッツが自然光で撮影した作品集。絵画集のよう。

⑨

『Giorgio Morandi's Studio』
Gianni Berengo Gardin

報道カメラマンとしてスタートしたイタリアの写真家ジャンニ・ベレンゴ・ガルディンが撮影した、画家ジョルジョ・モランディのアトリエの写真集。

⑩

『A Book Of Field Studies』
Stephen Gill

イヤホンをしている人、カートを押している人、道路工事の様子など、都市の人々を8つにカテゴライズし、撮影した都市カタログ的写真集。

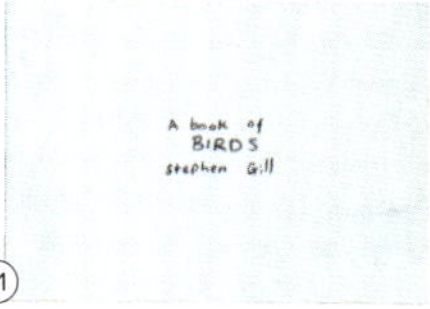

⑪

『A Book of Birds』
Stephen Gill

イギリスの写真家によるライフワークの鳥を撮影した限定5000部の写真集。一見すると、どこにいるのかわからないくらい、日常風景に紛れた中に、さりげなく鳥がいる。

⑫

『William Eggleston's Guide』
William Eggleston

スーツを着て、ストリート・スナップを撮り続けてきた写真家の写真集。「Jimmy Eat World」のレコードジャケットになっている写真も。

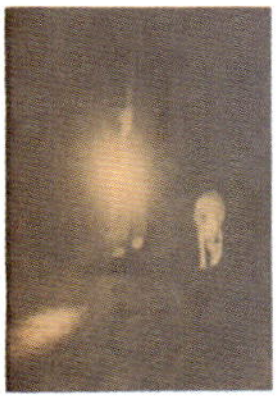

⑬

『Invisible』
Ola Rindal

マルタン・マルジェラのカタログ撮影などでも知られるノルウェー人、アーティスト。タイトル通り、何が写っているかよくわからないが、「それを考えてはダメ」と、長嶺さん。

⑭

『Distance』Ola Rindal

パリ在住のノルウェー人カメラマン、オラ・リンダルが、生まれ故郷の「Favang」という場所で撮影した作品集。露出や光を用いた実験的な手法で、風景の向こうに見える儚さを表現している。

⑮

『Juergen Teller : Do You Know What I Mean』Juergen Teller

パリのカルティエ現代美術館で開催された展覧会に合わせ、出版された写真集。息子と妻とともに日本を訪れたときの写真のほか、ファッション広告写真などを収録。

「あれから考えたんだけどね、やっぱり料理本も少しは入れたほうがいいんじゃないかなと思って」

写真集の取材から一週間経ったか、経たないかの頃、長嶺さんからそんなメールが届いた。確かに、そうかも。もちろん何でも興味深く撮影してくださるけれど、長嶺さんといえば〝料理〟だよなぁ、ということで再び、お邪魔することにした。しかも、「早めに終わらせて、夕方から美和ちゃんと三人で〝とりすき〟でも食べに行こう」とのこと。最後のこの誘い文句には、思わず二つ返事でうなずいた。

前にも書いたが、長嶺輝明さんはカメラマンで、洒落た料理の本が世の中にこんなに出回るよりもずっと前から、料理本のあらたな地位を確立することに貢献した人の一人だ。当時の出版業界は、原稿用紙に手書きで原稿を書くか、時々ワープロでテキストを打つ人がいたくらいの速度で進んでおり、どちらにしても原稿に赤字の記号を入れて印刷所に入稿して（原稿を入れて）いたのが、80年代後半〜90年代前半。世界の食卓がどんなふうなのかを知るには、さまざまな洋書を貪るように読まなければ、なかなか詳細には知りえなかったし、テレビに映るシーンも、リアルタイムに時代を反映してはいなかった。皆、未知なる情報に飢えていた。そんななか長嶺さんの撮る、どこか遠い国の空気を含んだような、けれどもどこの国ともいえない料理の写真を見て、「こんなふうに食卓を彩りたい」と思った人も多かったんじゃないかと思う。当時、大学を卒業したばかりの私も、そんなうちの一人だった。

机の上には「今度はちゃんと用意しといたよ」という感じで料理の本が十数冊重ねられていた。

「料理本の文字要素は、基本的にレシピしかないんだから、今は写真はわかりやすく、見てすぐ何なのかがわかるような、前向きで健全で安心なものが前提だから」と、重ねてあった机の上の本をひとつずつバラしながら長嶺さんは言った。私には、90年代の長嶺さんの写真はいい意味で健全でも前向きでもない、と心の中で思っていた。だからといって排他的ということでもないんだけれど「これは○○です」と断定ができない不思議さと格好良さに包まれていた。90年代は、今にして思えば『レタスクラブ』、『TANTO』、『オレンジページ』といった料理雑誌が今よりも盛り上がっていた時代。私が出版社に就職したのもそんな時期だった。

「僕の料理写真は、あくまでも写真的であろうとしているんだよね。例えば、湯気がたっているようなツヤ感のある肉じゃがの広告写真を見たときに、普通、人は〝あ、おいしそう〟とか〝肉じゃが食べたい〟と思うでしょう？　でも僕の料理写真は〝あ、肉じゃがの写真〟と思うような撮り方なんですよ。写真集が映像感覚に近いのは、そこ。その感覚を料理本にも取り入れたかったの。だから赤ちゃんが言うように、健全においしさや料理そのものが持っている肌感覚が感じられるものじゃなかったのかもね。この本は料理本なんだけど、写真集的感覚で料理が出ているもの。僕にとってサプリメントみたいな本だよ」

そう言って手渡されたのはA.A.GILLの『THE IVY - The Restaurant and its Recipes』[16]。一軒のレストランの中を写したその本の写真は、現場の空気も人の熱気も、料理も、外観さえも同じテンションが流れているように見えた。ロードムービーを見てい

るようなスピード感。料理は写っているけれど、パッと見ではおいしそうには感じられなかった。珍しく何度もページをめくったという一冊。長嶺さんの写真を見て感じていた、料理を料理として捉えず、その場にあるものすべてを俯瞰から見ているような画角の収まり方は、このサプリメント本が元だったのか。うん、納得。そういえば90年代はちょうど、料理が家事だけにカテゴライズされなくなってきて、作る人の個性が出てきた時期だったように思う。長嶺さんの撮る料理写真の不思議な感覚が少しだけわかった気がした。

北海道〝アリス・ファーム〟の宇土巻子さんによる[18]『シェーカークッキング』は、長嶺さんが撮影し、1994年に柴田書店から発売された、スピード感とは真逆の本。その場にあるものすべてが、止まっているか、あるいは誰にも聞こえないよう静かに息をしているような、静謐な時間と空気がどのページからも感じられる本だった。けれども料理写真の趣きから、長嶺さんの言う映像感覚が伝わる感じがした。『THE IVY』が、音楽とともに、流れるようにその場の空気を伝えるロードムービー的なものだとしたら、『シェーカークッキング』は無声映画のような感じ、と言ったらわかってもらえるだろうか？

重なった本を一冊ずつ開きながら、一番気になったのは[19]『アフタヌーンティーのメニュー・ブック』。撮影は長嶺さんで、スタイリングはハギワラトシコさん。2000年代に入ってからだったと思うが、私も長嶺さんとアフタヌーンティーのメニューブックをご一緒させていただいたことがあった。アフタヌーンティーは何年も、こうした自社のレシピブックを出し続けているのだが、なんとこれは発売後、即、発売禁止になったそう。理由は、アフタヌーンティーのイメージに合わなかったからだったと記憶しているが、今となってはあまり覚えていない、と長嶺さん。ページをめくると、レシピはすべて英語表記。その注釈には〝あなたがこれらのレシピを見た時に、いくつかは作ることができないと感じるかもしれません〟

と記されていた。思わず笑ってしまったが、同時に「すごい！」と声が出た。ガラスのテーブルの上にのった料理の下に折り目正しく揃えられた革靴があったり、料理がまるで宙に浮いているかのように見えるものもあった。一体どうやって撮影したんだろうか？　見るものをワクワクさせ、引き込むパワーが本全体に漲《みなぎ》っていた。

「これは1987年に発売だったから、文化出版局から今のように料理本がたくさん出始める以前のもの。撮影時はみんなで、あぁでもない、こうでもないってね、楽しかったよ。そういうことができた時代だった。多くの人の目には触れなかったけどね」

北村光世さんの『レモンブック』[20]、『わたしの好きなイタリア』[21]は、2006〜2007年に連続で出版された、私も大好きな本のひとつ。そういえば、これもまた料理レシピのみならず、イタリアの街の空気も含めて楽しめるつくりになっていた。1994年に発売された上野万梨子さんの『パリのお菓子屋さんのレシピ』[22]も同様に、パリの景色がお菓子とともに味わえるものだった。長嶺さん曰く〝上品な上野さんのイメージをくずした本〟ということだったが、私にとってはやっぱりおしゃれな一冊に変わりない。

翌年の『パトリス・ジュリアンのデザート』[23]は、パトリスさんの手描きのレシピと、わざと粒子を粗くした料理写真が画期的だった。

やっぱり長嶺さんの本棚には料理本の、新しく、大きな流れが詰まっていた。「カメラマンは人の役に立つようにとか、わかりやすくとかを考えるのは苦手だよなぁ」と、かつてのアシスタントである公文美和さんに同意を求める長嶺さん。公文さんは、ニヤニヤしているだけで、特に応えはしなかった。が、そうかもしれないなぁと、この言葉を受けて思った。特に長嶺さんのことだけれど。これをこう写して欲しいとはっきりわかるのなら、ある意味自分で撮ればいい。現場は共有しているけれど、後はその人の手に任せる仕事の仕方が好きな私としては、長嶺さんの「被写体だけ教えておいてもらえたらそれでいいよ」、という感じが好きだし、自分にも合っているように思う。

「本棚はプライベートだからね、いろいろ覗かれたような気がしたよ、今日も。今回の料理の本は、僕にとっていろいろ節目だったもの。僕は味を写さないように心がけてきたの、湯気は出さない方向で。そういう時代だったこともあるけれど、そんなことをしても味なんか出ない。そんなことよりアジな写真はあるだろ？」

そう言いながらシャツの袖に腕を通し始めた。あ、もう本棚の話は終わりなんだな。公文さんと私は同時に察して長嶺さんに倣い、片付けを始めた。気が付けば外はほんのりピンク色。そろそろビールと、とりすきの時間だ。

長嶺輝明（ながみね・てるあき）
写真家。80年代から90年代の料理本全盛期に、その時代のスタイルを構築した人の一人。60歳を超えた今も、自身の作品を撮りつつ、料理、旅などさまざまなジャンルで活躍し続けている。有元葉子さん、上野万梨子さん、パトリス・ジュリアンさんなど多くの著名な料理家の本の写真を手がける。著書に『長嶺輝明の「かわいい」写真術　誰も教えてくれなかった「被写体探し」と「空気感」のつかみ方!!』、共著に『写真家になる！2　写真家の現場に触れ実践で一歩踏み出す写真術』などがある。

長嶺さん自作のZINEたち。これ、全部欲しい！

本棚から

16

『THE IVY - The Reataurant and its Recipes』A.A. Gill

長嶺さんにとってサプリメントのような写真集。ページをめくるごとに、料理を作るシェフ、皿に盛られた料理、レストランの空間がロードムービーのように現れる。

17

『Pork and Sons』Stéphane Reynaud

「眺めているだけで満足な料理写真がいい」と長嶺さん。アマゾンができる前は、よく本屋さんへ、こういう洋書を買い求めに出かけたそうです。

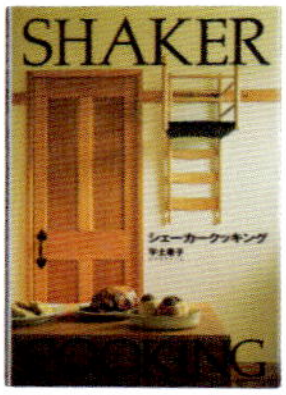

18

『シェーカークッキング』宇土巻子
柴田書店

シェーカー教徒の人々の暮らし、家具、食べ物のことなどを、「アリス・ファーム」の宇土さんがシンプルなレシピとともに綴った一冊。ブックデザイン・若山嘉代子（P198〜）。

21

『わたしの好きなイタリア』
北村光世 集英社

イタリア料理と現地のロードムービーを眺めているようなドキュメンタリーな一冊。これも長嶺さんが北村さんとともにイタリア各地へ出かけ、撮影したもの。

20

『レモンブック』北村光世
集英社

2006年、長嶺さんが撮影を担当した、イタリア料理研究家の北村光代さんのレモンのレシピブック。レシピだけではない、イタリアの風景なども収録したライブ感溢れる一冊。

19

『アフタヌーンティーのメニュー・ブック』

写真・長嶺輝明、スタイリング・ハギワラトシコ（P. 80～）による、1987年に出版され、すぐに発売禁止になった伝説のレシピブック。レシピはすべて英語表記。ストーリー性と勢いを感じる。

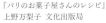

24

『日本のおかず』西健一郎 幻冬舎

長嶺さん撮影によるもの。なるべく整然と、テキストが映えるようにと、撮影した日本料理のレシピ集。淡々と並ぶ和の料理は確かに図鑑のように静止画としてジワジワと迫ってくる。2008年発売。

23

『パトリス・ジュリアンのデザート』
パトリス・ジュリアン 文化出版局

パトリス・ジュリアンさん本人による手描きのレシピとわざと粗くした写真が画期的だった1995年発売のレシピ集。長嶺さんによる撮影。

22

『パリのお菓子屋さんのレシピ』
上野万梨子 文化出版局

1994年、パリロケを敢行した、こちらも長嶺さん撮影によるもの。上野万梨子さんの上品なイメージを崩した!? と、長嶺さんが言うもの。

26

『おいしいドーナツの本』
柳瀬久美子 MCプレス

長嶺さんの大好物のひとつ、ドーナツのレシピ集。おいしい、かわいいドーナツを、長嶺さんがかわいくなく撮ろうとしているのがおもしろいレシピ集。普通においしそうなんだけど。

25

『小さなケーキのデコレーション』
sweets maniac 雄鶏社

これも2000年に入ってから長嶺さんが撮影したカップケーキのレシピ本。かわいいものを撮影させたら右に出るものはいない、おやじカメラマンの腕が見事に発揮されている。

宮治淳一、宮治ひろみ

茅ヶ崎「cafe Brandin」

宮治淳一
宮治ひろみ

Junichi Miyaji / Hiromi Miyaji

茅ヶ崎の海側、大通りから少し入った静かな住宅街にひっそりと、いや、どっしりとある「カフェ ブランディン」。なぜ、どっしりなのかというと、そこには一万を超える枚数のレコードがドシンと収納されているからだ。

　ご主人の宮治《みやじ》淳一《じゅんいち》さんはレコード会社に勤務されて30年以上。レコードをかけて音楽を紹介するアナログなラジオ番組も長いことなさっている。お店を営むのは、奥さんの宮治ひろみさん。時々、お店でDJイベントやライブが催され、私はそこにごくたまぁーにうかがっていた。といっても、ほんの1、2回を数える程度のことだったけれど。

　そもそもご夫妻と知り合ったのは、うちのダンナの会社の先輩だったことから。ずいぶんと昔になるが、我々の結婚式にも出席していただいた。きっとダンナはあらゆる音楽について、いや、それ以外にも宮治さん夫妻から教わってきたことがたくさんあるだろう。しかも、しかもだ。これはかなり後になってわかったのだが、私が仕事でお世話になっている先輩の女性編集者は、なんと学生時代に奥さんのひろみさんと同じレコード屋さんでアルバイトをしていたのだそうだ。さらに、そのレコード屋さんにうちのダンナがよく行っていて、二人を知っていたというのだから、世間は狭い。つながる人はつながるようにできているのだなぁ。というわけで、ダンナは長い間お世話になりっぱなしのご夫妻なのだ。

宮治さん夫妻の本棚をあらためて見てみたいと思ったのは、あるときひろみさんが翻訳を手がけた本を偶然手にしたのがきっかけだった。私が大好きなビーチ・ボーイズ[1]について著された分厚い本。いつもカウンターの向こうで静かに迎えてくれる優しげなひろみさんが成された大仕事を目にして、いったい普段はどんな本を読んでいるんだろうか？　と、ふと気になった。さらには、レコードコレクターであるご主人の本棚も気になりだしてしまった。それでいてもたってもいられなくなり、お二人に取材をお願いしたのだ。が、「うちの本棚!?　本!?　レコードしか入ってないですよ。あ、でも少しはあるか……」。家の中やカフェの中の本棚を回想しながら話している感じ。少しして「カフェのほうには少しあるから、そこでよかったら」と、お返事いただけた。

入り口を入ってすぐのどっしりとした棚と、中庭へと抜けるカフェの間には、両サイドに床から天井までの棚。それにお店の真ん中辺りで間仕切り代わりにもなっているような、腰の高さほどの本棚も目に入ってきた。その低い本棚以外は、パッと見てすぐにそれらが本棚ではなく、レコード棚なのだということがわかった。なぜなら本棚にしては、どれも奥行きがありすぎたから。

「棚っていうと、レコードを入れることを基準に考えちゃうからさ。ついこの奥行きになっちゃうんですよ」と、いきなり棚から目を離さなくなった私を見かねてか、宮治さんが言った。奥行きが深い棚には、創刊号からあるという雑誌『レコード・コレクターズ』が前後に重ねてびっしりと詰められている。それ以外にも、坂本九について書かれ

LIVING IN A MODERN WAY
CALIFORNIA DESIGN 1930-1965
猫ジャケ
Mambo For CATS
1971-1977
猫ジャケ2
SUMMER
THE INNOCENT AGE

た『上を向いて歩こう』[2]、片岡義男の『ぼくはプレスリーが大好き』[3]など、目につくものは、ほとんどが音楽関連のものばかりだった。

「『上を向いて歩こう』が発売されたのはね、1963年だったかな。これがアメリカで発売されるとき、なぜ〝スキヤキ〟になったのか。〝スシ〟でもいいか⁉ でもローフィッシュは野蛮と思うのではないか、じゃあ牛肉なら食べるんじゃないか? なんて、諸説あるけれど、最終的にスキヤキになったというような話なんかが書かれているんです。でも、そもそもこの曲を最初にカバーした人はイギリスにいて、その時点で〝スキヤキ〟だったんですよ。カバーをした人のプロデューサーが日本に来たとき、《今半》ですき焼きを食べて帰ったからという話もあるし(笑)。僕はフィクションではなくて、ノンフィクションが好きなんだよね。片岡さんのこの本は、僕の原点。何度も読んだよ」。そう言って見せてくれた、エルビス・プレスリーについて書かれた本は、言葉通り何度も繰り返しページをめくったことが、角が三角にめくれあがっていることでよくわかった。「気に入っている本というより、何度も繰り返し読んだ本だな」と言いながら、宮治さんが棚から選んでくれた本だ。伝説の〝呼び屋〟として知られる永島達司の生涯が記された『ビートルズを呼んだ男』[4]は、１９６６年、ビートルズの来日を成し遂げたときの話だった。レコードだけではなく、本までもがほぼ音楽に関することのみという、どっぷり具合。予想はしてきていたものの、まさかここまでとは……。何かを突き詰めるとは、こういうことなのか。ちんぷんかんぷんの音楽用語が飛び交うなか、それに応えようと必死な私。頭がどんどん熱を帯びていくのがわかる。うーん、と思っていると、ひろみさんがニコニコしながら「私も選びました」と一言。おー、よかった〜と胸をなでおろしたのもつかの間。こちらもやっぱり音楽に関する本だった。

　１９８９年からアメリカに長期出張していたお二人。91年からはロサンゼルスに拠点を移し、95年まで過ごした。ちょうど当時は、レコードからＣＤに音源が移り変わる頃で、皆どんどんレコードを売りに出していたのだそうだ。宮治さんにとってその時期は、探さずとも欲しいものがあちらこちらに転がっているような、楽園だっただろう。そんなわけもあって当時、アメリカで手にしたレコードは数知れず……。ひろみさんが選んだ本のひとつ[5]『ラビリンス／英国フォーク・ロックの迷宮』は、帰国後、日本で購入

したものだそうだ。１９９７年発売の新刊時に買ったというから、まさに帰国直後。宮治さんは、ひろみさんが買ってきたばかりのそれを見て「まだまだ俺の知らないレコードが世の中にはこんなにたくさんあるんだ」と興奮したというから、その執着心に思わず笑ってしまった。うちのダンナもまさにそんな人の一人に数えられると思う。うちのダンナの収集癖にはうんざりするけれど、こんなにも突き抜けた人の思いを前にすると、なんだか自分までワクワクしてくるのはなぜなんだろうか？　我が家のこととなると単純に家の収納を思い、憂鬱になるからか？　ちなみにひろみさんは、宮治さんがレコードを買っても怒らないそうだ。ご自身も音楽を愛しているということもあるんだろうけれど、寛大だなぁ。

　宮治さんの話は続く。「レコードを聴き、集め出したのは小学五年生くらいだったかなぁ。当時、シングル盤レコードの値段は３７０円。ラーメン１杯は70円の時代だったよ。とにかくレコードが欲しくて仕方なかったから、何を我慢すればいいのか、そればっかり考えていたなぁ。だから例えば『車輪の下』を読もうとか、本を買おうだなんてことは考えるに及ばなかったわけ。お金も時間も、あればレコードに使う、そういう感じ。今もそれは変わらないけどね。要するに俺の人生はレコード係数が高いんだな(笑)」

　とはいえ、「今年は珍しくまだ7枚しかレコードを買ってない。奥さんは怒らないけれど、もう一人の自分が怒るんだよ」と宮治さん。あるとき、レコード1枚は何gかを量ってみたら、家にあるレコードがホンダのシティ1台分(約1トン)より重いことがわかり、愕然としたのだそうだ。そんな想いもあるけれど、でもやっぱり好きな気持ちをそう簡単に抑えられるわけがなく、いつももう一人の自分と葛藤しながら、好きを突き進んでいる。そうか、この家は何においても音楽を中心に回っているのだなぁ。と納得したところで、ふと腰高の本棚にスイカの表紙のかわいい洋書が差さっているのが目についた。『SUMMER』[6]というタイトルのその本を開くと、カラフルなマットを敷き、ビーチでくつろぐ人たちを俯瞰から撮影した写真や、夏の移動遊園地、スイカなど、夏をイメージするスナップが次々現れた。

　つい「こういう本もあるんですね～」と、言うと、ひろみさんは笑って、「アメリカに住んでいたときに買ったコーヒーテーブルブック。全部古本屋さんや本屋さんのセールで買ったものなの。私にとって、読まなくていい、眺め

GARY U.S. BONDS
JAMES BROWN
JACKSON BROWNE
TIM BUCKLEY
TOMMY BOYCE / BOBBY HEART
BYRDS, THE

ERIC CLAPTON TREASURES
THE BAND
THE LAST WALTZ
EAGLES
FRANK SINATRA

るだけの本。もっとあるのよ、見る?」と、言ってカフェの奥から中庭に抜けたところにある小さな部屋に案内してくれた。今、流行りのAirbnbという民泊に登録しているという部屋は、ハワイのコンドミニアムのようなリラックスした雰囲気。光が燦々《さんさん》と降り注ぐ空間には、ベッドと小さなテーブル、それに本棚が設えてあり、洋書が斜めにざっくりと置かれていた。常に窓を開け放ち、風も人も猫も犬も自由に通り抜けているハワイの友人の家をふと思い出した。最近よく聞く、ミニマムな暮らしとはいい意味で正反対の、物が折り重なっているざっくりとした雰囲気は〝どこに座ってもいいよ〟と言われているようなラフさがハワイの心地よさと同じだった。何も物がなくシンプルな感じは、逆に緊張する。この抜け感は、アメリカで暮らしていたお二人ならではだなぁ、と感心しながら、ぺたんと床に座り、本棚を見上げた。

棚内には、アメリカのソウルフードであるホットドッグやロブスターが、食べ物とは違う、不思議な空気感で撮影された『ROADSIDE FOOD』[7]や、80年代にサファリのイメージが強かったファッションブランド、バナナ・リパブリックの『BANANA REPUBLIC GUIDE TO TRAVEL &[8]

SAFARI CLOTHING』、ハワイアンプリントの生地が表紙に貼られた『THE HAWAIIAN SHIRT』[9]など、私が好きそうな写真集が、本の背を見ただけでもたくさんあることがわかった。「カフェにあるものもそうだけど、泊まったお客さんがゆっくり時間を過ごすときに、ぱらっとめくって見られるものを、と思って」と、ひろみさん。音楽を愛するお二人が過ごしてきたアメリカでの暮らしが少しだけ見えたような気がした。ひろみさんが切り盛りするカフェは、ご主人やひろみさん所有のレコードが聴ける場でもある。全国から（世界からも!?）それをめがけてやってくる人も少なくない。

「もしかして持っているかも？　と、思って買わない後悔より、買ってしまってだぶっていた後悔のほうがいい。それを繰り返すとこうなるんだよ」と髭に覆われた顔をくしゃっとさせて、宮治さんは少年のような笑みを見せた。それを優しく見つめるひろみさん。いつか私もこんなふうにダンナのレコードの山を優しく見られる日がくるのだろうか。

レコードも本も集まると、ものすごい重さで幅をきかせる。しかも、どこまで掘っても、永遠に興味がそがれることのないものだ。今日またそれを大先輩であるお二人を前に思い知らされた。

もの静かなひろみさんが、何度も繰り返し読むという、リンドバーグ夫人の『海からの贈物』[13]。これをこの秋、読んでみようと思う。何度も読んだからといって、ひろみさんのあたたかくご主人を見守る境地に達することは到底無理だと思うし、この域まで達するには、どう考えても相当の時間を要すると思うけれど。

読書のおとも

カフェで出すのと同じように、丁寧に淹れたコーヒーとともに。

宮治淳一（みやじ・じゅんいち）
日本有数のレコードマニア。その数はゆうに一万を超える。レコード会社に勤務し、洋楽アーティストを担当しつつ、ラジオ番組も持つ。『宮治淳一のラジオ名盤アワー』毎週日曜ラジオ日本にて17時55分より。２０１７年７月に主演映画『茅ヶ崎物語 ～MY LITTLE HOMETOWN～』が公開され、ますます活躍の場を広げている。

宮治ひろみ（みやじ・ひろみ）
神奈川県茅ヶ崎市にてミュージック・ライブラリー＆カフェ「cafe Brandin-」を営む。その傍ら、翻訳の仕事も手がけている。

本棚から

①
『ビーチ・ボーイズとカリフォルニア文化　はるかな場所の一番近いところ』ティモシー・ホワイト／著　宮治ひろみ／訳 スペースシャワーネットワーク

20世紀のアメリカ西海岸の音楽と若者文化、ウィルソン家について書かれた書。

②
『上を向いて歩こう』佐藤剛
岩波書店

1963年に世界中でヒットした「上を向いて歩こう」の坂本九について書かれた物語。なぜ、海外発売時にこのタイトルが「スキヤキ」になったのか、などが書かれている。

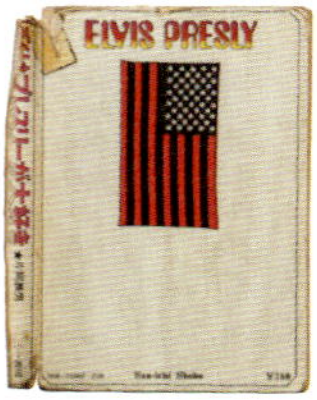

③
『ぼくはプレスリーが大好き』
片岡義男 三一書房

プレスリーを中心とした20世紀のアメリカ音楽と社会現象などが分析された名著。三度の飯より、音楽が好きという宮治さんの原点のような一冊。1971年。

④
『ビートルズを呼んだ男』
野地秩嘉 幻冬舎

1966年、ビートルズ来日という偉業を成し遂げた男の話。ノンフィクション好きな宮治さんが何度も読み返すという愛読書。

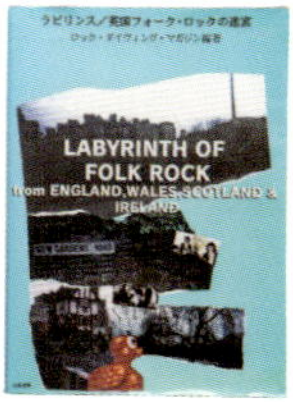

⑤
『ラビリンス／英国フォーク・ロックの迷宮』
ロック・ダイヴィング・マガジン

アメリカ赴任から帰国した夫妻が、1997年発売と同時に購入。まだまだ知らないレコードがたくさんあると、宮治さんを興奮させた本。

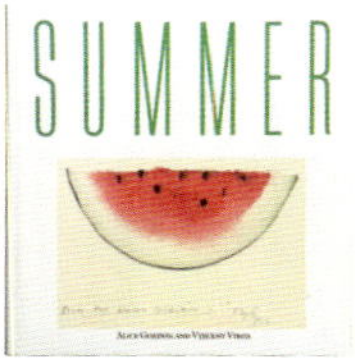

⑥
『Summer』
Alice Gordon

カラフルなマットをビーチに広げた、たくさんの海水浴客の姿を俯瞰から撮影した写真や夏の移動遊園地など、その名の通り、夏の景色が広がる写真集。

⑨

『THE HAWAIIAN SHIRT』
H. Thomas Steele

布張りの上等な写真集の中身は、ハワイのプリントシャツ、アロハシャツ。ヴィンテージものから、近代のものまで。

⑧

『Banana Republic Guide to Travel & Safari Clothing』
Lawrence Shames

80年代、日本でも若者を中心にムーブメントが起きたブランドのサファリ時代をピックアップした写真集。懐かしいTシャツのプリントがたくさん!

⑦

『Roadside Food: Good Home-Style Cooking Across America』
Leroy Woodson Jr.

アメリカのドライブインならではのメニュー、ホットドッグやハンバーガーなど、毒々しいけれど、キュンとするフード写真集。

⑫

『SIGNS of our Times』
John Margolies,
Emily Margolin Gwathmey

1920〜60年代のアメリカのグラフィックなサインとイラストレーション集。今見てもキャッチーでキュートなもの多し。1993年。

⑪

『The American Drive-In』
Michael Karl Witzel

長い道と、野っ原が続く広大な土地のオアシス、ドライブインのドラマチックな一コマ集。

⑩

『'50s & '60s Style』
Polly Powell, Lucy Peel

50、60年代の車、ファッション、インテリアなどの写真集。当時のポップでおしゃれなスタイルがひとまとめに見られるキュートな写真集。

⑭

『Dust & Grooves:
Adventures in Record Collecting』
Eilon Paz, RZA

世界のレコードマニアを集めたマニアックな写真集。家中に積み重なるレコードに埋もれる人の中には、なんと宮治さんの姿も!

⑬

『海からの贈物』
リンドバーグ夫人/著
吉田健一/訳 新潮社

アメリカ東海岸の避暑地で一人過ごす様を貝になぞらえた物語。ひろみさんは時間があるとこれを読み返し、共感しているという。

13

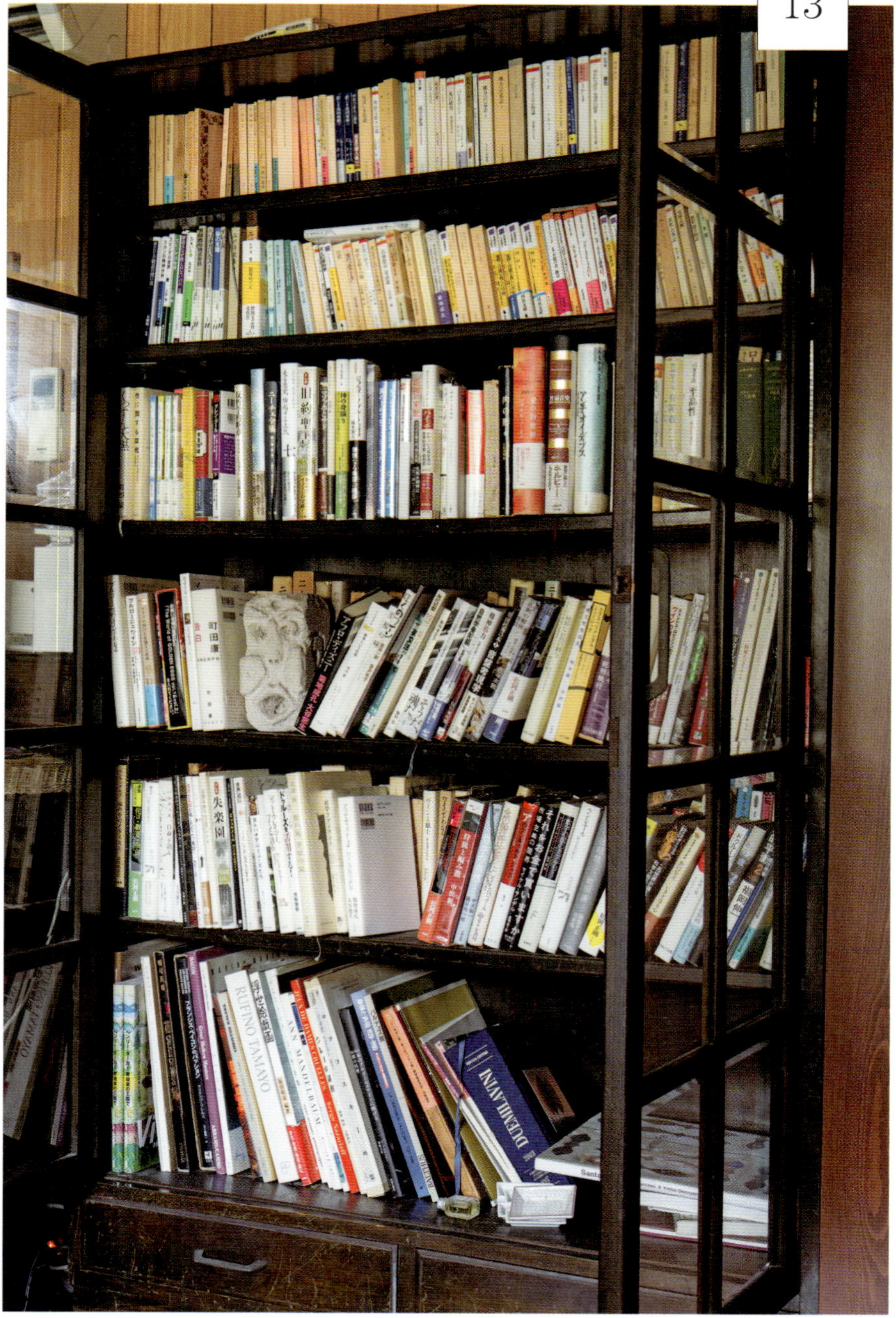

兵藤昭

兵藤 昭

「鈴木屋酒店」四代目店主

こっちこっち、と案内されたのは寝室だった。入り口のすぐ脇には、焦げ茶色のどっしりとした本棚が壁に沿って置かれ、お店のすぐ近くにある仕事机とは別に、仕事机らしきものも横付けされていた。まるで大学の教授の研究室にあるような重厚な本棚の横には、仕切りを隔てて大きくて低いベッドが横たわっていた。このアンバランスな感じに、驚きつつも、思わず笑ってしまった。しかもこの本棚、いつの時代にどうやって二階に運び込まれたのだろうか。二階の窓からじゃないとどう考えても上がらなかったのではないだろうか？　という大きさ。想像するに、重さも相当な本棚は、本を収納することでますますどっしりとした風情をまとっていた。

「昔はね、図鑑が詰まっていたんですよ。ほら、昆虫とか植物、動物とか宇宙まであるような全集みたいなもの。おそらく僕のものだったと思うんですけれどね。あまりページを開いた記憶がないんですよ。この本棚は、僕が生まれたときからここにあったもので、少し前に自分のものとして譲り受けたものです」「すごい本棚ですね」と言う私の一言に対し、明確すぎるくらいの返事が戻ってきた。

兵藤《ひょうどう》昭《あきら》さんは、鎌倉市由比ガ浜で１００年以上続く、老舗酒店の四代目店主。その昔は日本酒、ビール、焼酎なんでもござれで、灯油も売っているようないわゆる街の酒屋さんだった。兵藤さんが酒屋を継いでしばらくした後、今のようにナチュール系ワインで埋め尽くされた店へと変貌したそうだ。私がワインを嗜むようになったのは、このお店のおかげによるところが大きい。きっと近所にこのお店と兵藤夫妻がいなかったら、ここまでワイン好きにはなっていなかったと思う。今まで開けることのなかったワインという未知の扉を開けてしまって以来、私は手持ちのワインがなくなるといそいそとお店へ向かい、いつでも飲みたいときに飲めるよう数本を見繕ってもらうようになった。ワインのことに限らず兵藤さんの話は、へぇ〜と感心することや、ふむふむとうなずけること、おもしろい！　と身を乗り出してしまうことが多い。話しながら途中で、いつも「あ、この感じ」と思う節が必ずあるのだ。また、うちのダンナ曰く、お店でかかっている音楽がいいと言う。「きっと、あぁいう音楽を聴いているから、いいワインを選べるんだよなぁ」なんて、ワインの「ワ」の字もわからないくせに利いたふうなことを言っていた。ちなみにその音楽とは“Derek Bailey”や“Kip Hanrahan”なんだけれど。

それである日、普段本読んだりしますか？　と失礼ながら聞いてみると、横にいた奥さんの沙羅さんが「本!?　漫画ばっかりだよー、昭くんは」と大笑いしながら教えてくれた。本人も横でニコニコしながらうなずいている。同年代の兵藤さんの読む漫画ってどんなだろう？　私たちが少年少女と言われた時代は、男性の読む漫画と女性の読む漫画が明らかに分かれていた。今のように男性漫画を女性も普通に読むということは少なかったように思う。『ドラえもん』や『天才バカボン』のようなものは別だ。例えば、『マカロニほうれん荘』のようなものは、男性だけが読む漫画、と小学生の私は思っていた。でも実はこっそり従兄弟のお兄さんの漫画を楽しく読んだりしていたんだけれど……。そんな遠い記憶が呼び覚まされ、その頃、兵藤さんは何を読んでいたのか、気になって仕方がなくなってしまった。それで取材をお願いしたのだ。

ところが、ところがだ。撮影当日、お店を訪れ「兵藤さんってどんな漫画読んでいたんですか？」と尋ねると、沙羅さんが大きな声で「エ―――ッ!!　もう捨てちゃってないですよ！」と、ただでさえ大きな目を、さらに見開いて驚きの叫びを上げた。「え？　なんでまた捨てちゃった

のー!?」と私。「あまりに漫画ばっかりあってね、こんなに狭いのにどうするのよー!　っていうやりとりののち、涙をのんで処分することにしたんですよ」と兵藤さん。となると、本は!?　と思ったが、撮影スタッフもしっかり揃っている。やるしかないでしょう、と冷や汗まじりで二階に上がったのだ。

　そうなるときっと、兵藤さんの本棚にはワインについての蔵書が並んでいるだろうと、景色を想像しながら階段を上った。当たり前すぎる景色をどう綴ろうか、とまで考えていた自分を恥じたのは、寝室に案内されたあたりから。

これはもしや!?　と漫画がなくなっていたショックをすっかり忘れ、まもなく目にする本棚への期待にじわじわと興奮していた。そしてやっぱり、予感は的中した。

　本棚に並んだ本の背に見えたのは「ニーチェ」「ニーチェ」「ニーチェ」！　一体何冊あっただろうか？　パッと見ただけでこの名前が矢の如く、目に入ってきた。

「兵藤さん、大学で何専攻していたんですか？」口から勝手にそんな言葉がこぼれてしまった。まさかの展開。漫画ばかり読んでいる人だったはずの兵藤さんの本棚は、ニーチェ[1]のほか、よくよく見てみるとアンドレ・ブルトン、スピノザと私の苦手分野がずらりと並んでいた。「大学は機械工学だけど」と、きょとんとしながら応えてくれた。これまたワインともかけ離れた分野を学んでいたんだなぁ〜。

　兵藤さんがあちらこちらで見せる博学ぶりのワケが、急にグッと距離を縮めてこちらへやってきた。で、なぜこんなにもニーチェなのかと訊

いてみると。
「『2001年宇宙の旅』で使われている音楽が何なのか、たどっていったところからニーチェにたどり着いたんですよ」とぽつり。

1968年、兵藤さんと私が生まれた年に発表された映画『2001年宇宙の旅』。テーマ音楽は、「ツァラトゥストラはかく語りき」。ニーチェの同名の著作からヨハン・シュトラウスがイメージをして作曲したとも言われている曲だ。そしてこの映画の中でもまた、ニーチェの超人思想や永劫回帰といった思想が描かれていると、何十年にも渡って評論され続けている。私にはまったくもって何のことやらわからず。哲学的なことは苦手中の苦手。何から話をして、この果てしなく高い山を崩していこうか考えていた。本棚に並ぶ背の文字は、黒目をそっと横にずらして見る限り、ゲーテの『ファウスト』、第一次世界大戦を生き抜いたフランスの文芸批評家・モーリス・ブランショ、マゾヒズムとサディズムの語源である二人を描いたジル・ドゥルーズの『マゾッホとサド』[2]、馬場あき子の『鬼の研究』といった民俗学など、多岐に渡っていて、そのどれもが私には宇宙どころか、それよりも遠い彼方にあるものばかりで、心の中で白目をむいていた。編集さんとカメラマンさんも、いつになくツッコミがない。いつもなら「私もこれ好きです」とか「読んでみたい」といったコメントがあるのだが、二人とも無言で出していただいた麦茶を飲んでいる。黙っているから、麦茶が喉を通る音まで聞こえてきて、ますます焦ってしまった。けれども白目をむきながら思っていたのは、本の内容を理解するしないは別にして、どうして兵藤さんがこんな難しいものばかり、しかも寝室に置いているんだろうかということだった。

「兵藤さんって、いつもこんなに難しいこと考えてたんですね」と言うと、大笑いして、「僕はね、わからないもの

だろうけれど、もしかしてって思って本を買っているかなぁ。これなんて1％も理解できてない（そう言って、モーリス・ブランショの『明かしえぬ共同体』[3]を指差した）。自分がわかるものは買わない。ビビときたものを買っている感じ。わからないものが好きなんですよ。わからないままでいいし、わかろうともしていない」と、さらりとした返事が返ってきた。でも、マゾッホの本はページをめくるのがもったいないほどおもしろい、とも言う。そんななか、唯一共感できそうだったのがナンシー関の『無差別級』[7]。彼女の週刊誌の連載やテレビでのコメントを当時、私もかなり注目していたし、共感し、大笑いしていた。今は、こういう人がいなくなって、テレビがおもしろくなくなった、と兵藤さん。それも同感だった。我が家にテレビがなくなってどれくらい経つだろう。少なくとも4年は経つかな。たまに出張先のビジネスホテルで深夜か朝にテレビをつけると、知らない人がたくさん映っていて自分の時代遅れ具合に驚く。新聞では知り得ないようなことも放送されているけれど、5分とつけていられなくなっている自分がいた。

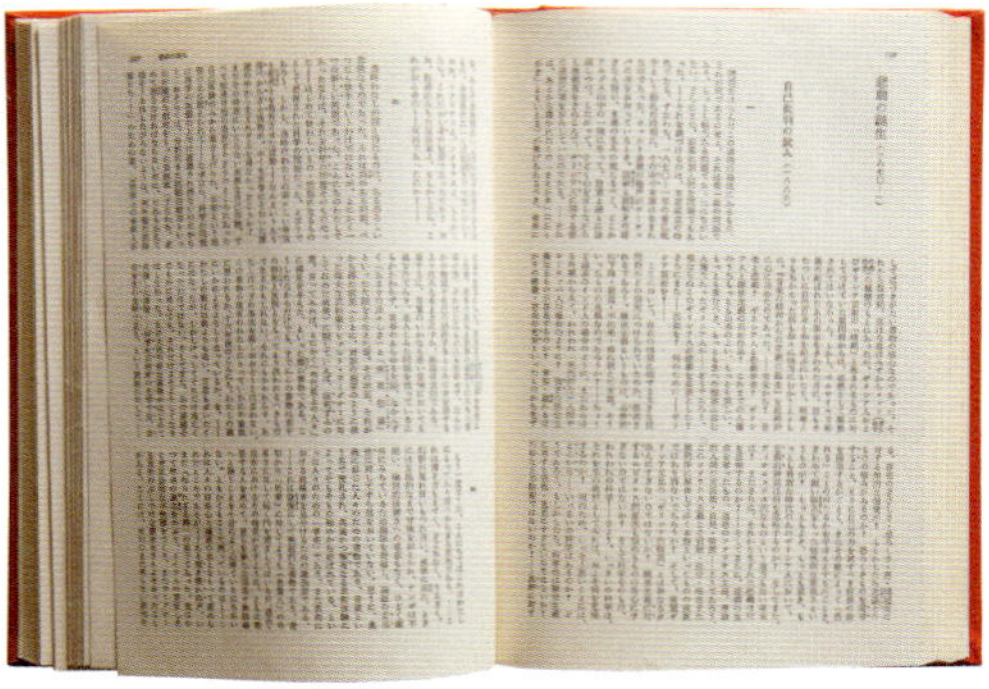

もう一冊は宮沢りえの初ヌード写真集『Santa Fe』[11]。発売のニュースを新聞で読んだときには思わず涙ぐんだと、兵藤さん。「これは僕じゃなくて兄貴が買っていたもの。久しぶりに引っ張り出して見てみたんだけど、いやぁ輝いてましたね～。今もいいけど、このときはほんと、すごかった！」

発売当時に私が目にしたのは、大学時代の彼が買っていたものだった。確かに、女の私でも美しいと思えたし、しなやかな体のラインは、つるんとしていてエロくて、思わず印刷とわかっていながら、ページをなでてしまったことを思い出した。これをニヤニヤしながら見ていた彼に嫉妬したことも思い出したけれど、宮沢りえに嫉妬するなんて私もずうずうしい。今になってそこが恥ずかしくなった。

ちょっぴり和んだところに、娘の安珠《あんじゅ》ちゃん（7歳・小学二年生）が自分の本を抱えてやってきた。「安珠のね、気に入っている本も見せてあげる」

お店に行くといつも、ニコニコしながらやってきては、気に入っているものや、自分で描いた絵を見せてくれる安珠ちゃんに、私は「かおりん」と呼ばれ、ありがたいことに友達として認定されているようなのだ。安珠ちゃんが持ってきたのは『長くつ下のピッピ』[12]、『まんがことわざなんでも事典』[13]、『星の王子さま』[16]、それにミヒャエル・エンデの『モモ』[17]だった。私が今も読み返す『モモ』や『長くつ下のピッピ』、訳や時代、国が違うものをほとんど収集している『星の王子さま』があることに感動して「いい本ばっかり読んでるね～」と言うと、「全部、ママの本！」と元気なお応え。沙羅さんの趣味と私の趣味はかなり近かった。本を読むことが大好きな安珠ちゃん。今は、お母さんの沙羅さんに寝る前に読んでもらいながら少しずつ理解しているけれど、いつかは自分一人で読みたいと思っているのだそうだ。その横で、父である兵藤さんは、わからないものは無理にわかろうとしなくてもいいと思いながら哲学書を読みつつ、ごろりとする。気付けば、三人揃ってグーグー寝ている。そして翌朝、読みかけの本をまた本棚に戻す。本棚は、だから寝室にあるのだ。

帰りがけ、これまで本棚の取材をしてきて初めて、ご本

人から本を借りて読んでみることにした。ニーチェとナンシー関の二冊。果たして何か変わるか、わかるかと思って、私もベッドに横になりながら、何度となくページをめくる努力を重ねた。が、ナンシー関は涙が出るほど大笑いしているうちに寝る。ニーチェは同じ行を何度も読み返しているうち、ページをめくることなく寝てしまう。その繰り返しとなってしまった。年が明けぬうちに、借りた本を返そう。ニーチェを読み切る日は、宇宙よりも遠い彼方にあると思うので。

ワインの味わいを言葉で表現する複雑さと、ワインそのものができるまでの、ある種、魔法のような不思議さと、科学の実験のような楽しさが入り混じっている感じ。兵藤さんの本選びはそんなふうに思えた。本棚を見せてもらった後の、何とも表現しにくい感じもまた同じだった。

兵藤昭（ひょうどう・あきら）
神奈川県鎌倉市由比ガ浜で100年以上続く、老舗の酒屋「鈴木屋酒店」の四代目店主。音楽と妻と子供たちをこよなく愛するナイスガイ。お酒は意外と弱いほう、というのがチャーミング。「わからないことは、わからないままでいい。けれども僕は本を読むということだけでなく、本という物質が好き。紙に印刷されたインクの匂い、それをめくる感触、いくつもの書体。そういうものにも惹かれているから本を読むことが好きなんだと思う」と言う店主が切り盛りする店内には、冷えたビールは置いていない。あるのは、溢れるように棚を埋め尽くす、山と積まれたナチュールワインのみ。

Akira Hyodo

① 

『世界文学大系〈第42〉ニーチェ』
ニーチェ　筑摩書房

「この巻に収められているニーチェの処女作『悲劇の誕生』が特にいい。高校生のときに手に取り、書物から出ている異常な熱量にノックアウトされた」

② 

『マゾッホとサド』ジル・ドゥルーズ
晶文社

飲みの席で繰り広げられるようなSM診断のつまらなさから、二人の天才、特にマゾッホを解き放つ好著。サドの天才とマゾッホの天才が相互補完的ではなく、まったく異質であることが語られている。

③ 

『明かしえぬ共同体』
モーリス・ブランショ　筑摩書房

「何度となく読み返していますが、読後の感想は『だから何やねん!!』。けれど、心（頭）に何かが刺さってしまったのは確実。筑摩文庫版のp.68、シャロンヌ駅事件での民衆の著述に心震えます」

④ 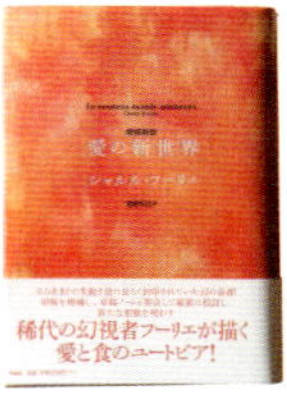

『増補新版 愛の新世界』
シャルル・フーリエ　作品社

フーリエが描く調和世界（一種のユートピア）での愛と食の大論。「晦渋な文体、反復される同じテーマに辟易としますが、よくあるユートピア物語とはひと味もふた味も違うフーリエの世界に興奮」

⑤ 

『ツナミの小形而上学』
ジャン－ピエール・デュピュイ
岩波書店

巨大な悪が今や、まったく悪意が不在の中で生じ得る。それらを通奏低音に、18世紀のリスボン大地震から、アウシュヴィッツ、東日本大震災などの破局について論じている。

⑥ 

『異形の王権』網野善彦　平凡社

覆面、蓑笠、童形、撮棒……中世日本に闊歩する〈異形異類〉の者たち。それら周縁の力を取り入れて自らの権力を打ち立てた後醍醐天皇。「日本史を眺める視点を拡張してくれる論考。これを読んで『もののけ姫』を観直すと、映画の世界がより生々しく迫ってきます」

⑦ 

『無差別級』ナンシー関
河出書房新社

「この人がいなくなってからテレビがつまらなくなった」と、兵藤さん。今は亡き、愛してやまない著者の本は、そんな喪失感を埋めてくれるものでもある。

⑧ 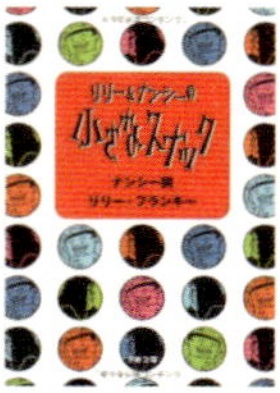

『小さなスナック』ナンシー関、
リリー・フランキー　文藝春秋

伝染病、ペット、カレーなど、さまざまな話題を二人ならではの辛口で軽快なトークで語っていく、笑いあり、涙ありの対談集。思わずうなずくこと多し。

⑨ 

『レメディオス・バロ展』図録
レメディオス・バロ

スペイン生まれのシュールレアリスムの画家。この図録は、1999年に開催された展覧会のもので、亡命先のメキシコで制作された作品約60点が収録されている。

兵藤 昭

⑫

『長くつ下のピッピ』アストリッド・リンドグレーン 岩波書店

これは妻・沙羅さんの蔵書。娘に受け継いで読んでもらいたいと思っている名作。ピッピのように、元気でお茶目な女の子、安珠ちゃんにぴったりのお話。

⑪
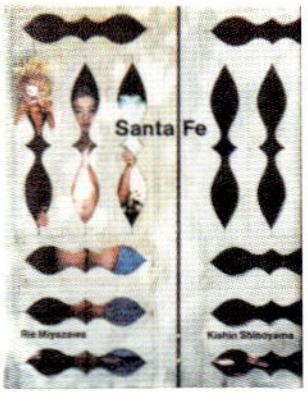

『Santa Fe』宮沢りえ、篠山紀信／写真 朝日出版社

今から25年以上も前のこと。発売のニュースを新聞で読み、思わず涙ぐんだ、と兵藤さん。アイドルのセンセーショナルで美しきヌード写真集。今見てもなお美しい。

⑩

『バルテュス展』図録

ピカソに「20世紀最後の巨匠」と称えられた、フランスの現代画家バルテュスの、2014年・東京都美術館で催された展覧会図録。

⑮

『決定版 まんが日本昔ばなし101』川内彩友美／編 講談社

テレビでも人気の番組が一冊の本に。知っている昔話もあれば、聞いたこともないようなお話も。これも安珠ちゃんの大事な一冊。少しずつ自分で読んでいるそう。

⑭

『日本の神話』松谷みよ子 のら書店

こちらも安珠ちゃんの本。毎晩、ひとつずつお話を読み聞かせしてもらいながら寝るのが、楽しみな一冊。いつか自分で全部読むのが目標なんだとか。

⑬

『まんが ことわざなんでも事典』江川清／監修、内田玉男／絵 金の星社

娘の安珠ちゃん7歳の愛読書。兵藤さんもうっかり読みふけってしまうような、うなずける諺が載っていたりする、あなどれない事典。

⑱

『冒険者たち ガンバと十五ひきの仲間』斎藤惇夫／著、薮内正幸／画 アリス館牧新社

かつてはアニメーションにもなった、勇敢で元気な15匹のネズミたちの冒険物語。絵とともにお話が楽しめる。

⑰

『モモ 時間どろぼうとぬすまれた時間を人間にかえしてくれた女の子のふしぎな物語』ミヒャエル・エンデ 岩波書店

ミヒャエル・エンデの名作は、沙羅さんの愛読書。これもいつか自分で読んでみたいと思い、自分の本棚へとこっそり移動。

⑯

『星の王子さま』サン＝テグジュペリ 岩波書店

名作中の名作のこちらは、安珠ちゃんが母・沙羅さんから受け継いだ本。まだ読んではいないけれど、もう少し大きくなったら読もうと思っているもの。いい趣味しています。

14

岩崎有加

「Senbon Flowers MIDORIYA」店主
フローリスト

岩﨑有加

Yuka Iwasaki

「世界が真面目と不真面目に分かれるとしたら、どちらかというと、私は真面目かな〜くらいに思っていたんです」

久しぶりに会った岩﨑さん——通称・がんちゃんは、私の顔を見るなり、急に真顔でそんな話を始めた。

静岡県沼津市の、海にほど近い千本緑町という場所で「Senbon Flowers MIDORIYA（センボンフラワーズ・ミドリヤ）」という名の花屋を営んでいるがんちゃん。出会いから、かれこれ20年くらいになるだろうか。気付いたときには友達で、花屋だった彼女の、花選びや組み合わせの突き抜けた感じと、言葉の組み合わせの繊細さが、いつも直球で突き刺さってくるもんだから、正直、会うたびに私はドキドキしっぱなしでいた。しかも、もう何十年もの間ずっとそうなのだ。数年前、切なさと刹那的な気持ちとが入り混じった彼女の散文がしたためられた短冊が、会場中にひらひらと飾られた展示を見たときも同じ思いがした。それらの言葉にはある種、決意表明でもあるかのような強さと、泣きながら駆け寄って来られたようなか弱さの、両極があった。がんちゃんの中にある、女ってものを丸ごとドンと突きつけられたようで、なんだか私のほうが照れくさかった。そしてそんな彼女にずっと、自分にはないものを感じ、憧れ続けていたのだ。私が師と仰いできた美術作

家の故 永井宏さんは、がんちゃんの人柄も、文章もよく褒めていた。憧れの源は、そのことにもあるかもしれない。また、言葉に長けている人は、本をよく読んでいるはず、という確信的予想もあり、以前から彼女の本棚を見せてもらいたいという思いも強かった。でも、見に行くにはそれなりの心づもりが必要だとも思っていた。だから自分なりに覚悟を決めて臨んだつもりでいたが、始まりから、いきなりこの言葉。やっぱりがんちゃんって人は最初から、両肩をガッシリつかんで思い切りゆさゆさするような、心を揺さぶるテクを持っている。テクニックというより、テクと言いたい感じの始まり。いやはや、のっけからやられてしまった。

がんちゃんの座右の銘は〝正直さに勝る武器はない〟だそうで、その言葉通り、もう何十年も自分の内面に向かっての問いかけが続いているという。思い込みが激しいことも大事だと、先週の火曜日まで思っていた。それがここ半年ほどは、思い込みの激しさからどんどん内面へと向かっていくことが苦しくなり、それを解決に導いてくれていた本によってでさえも回避できない状況になっていた。ところが先週（この取材に訪れた日から遡ること一週間）、あっさりとそれは解決したのだそうだ。

「偶然、しいたけ占い（『VOGUE girl』の週刊占い）を見たら〝嫌なことは嫌だと言いましょう。もっと自分を愛してあげてください〟って書いてあったんですよ。それで、あっ、そうか、って。私って、普段ふざけている印象があるじゃないですか。それも無理して頑張っていたのかも、って今さらですけど、自分が真面目だったことに気付いたんです。そういう自分をようやく受け入れることができたのが先週の火曜日だったんですよ。それで友達にそのことを話したら、みんな私がかなり真面目だって前から知って

人間臨終考
人生劇場
インドへ
トッド・ラングレン
星の王子さま
岡崎京子 戦場のガールズ・ライフ
PUNK JUNKO OKI
SENSATION
Joseph Beuys und das Mittelalter
ANDY GOLDSWORTHY
DAVID HOCKNEY CAMERAWORKS

いたって言うから驚きました。自分はこうだって思い込んでいて、認識できてなかったってことを、自分で自分に発表したんですよ」

〝自分らしく〟という言葉にすがりたくないと続けるがんちゃん。どこまでも真面目なのだ。気付かされた占いがしいたけ占いってところも、内面に向かって問い続けてきた結末としていいのかどうか……笑。40年以上、おそらくこの人はずっと少女のような感性で生き続けている人なんだと、長年の友人ではあったけれど、このとき初めて認識した。

肝心の本棚は、予想に反して中ぶりのものが置かれていた。もっとごちゃごちゃとしているだろうという勝手な予想と、古い雑誌などが積まれていることを予想していたが、4段ほどのがんちゃん手作りの本棚には、整理整頓された本が、あるべきところにつつがなく収まっていた。人によるけれど、ここのところの取材で好きな作家の本を一箇所にまとめている人が多いことに気付いた。がんちゃんもそうだった。チェ・ゲバラ[1]と鈴木いづみ[2]。何冊も連なった本の背幅から圧倒的なサイズ感で二種類の単行本が目に入ってきた。そういえば、かつてがんちゃんは自分でプリントしたゲバラのTシャツやトートバッグをみんなにプレゼ

ントしていたことがあったなぁ。

「調子に乗るなよ!?」と私を見つめている背表紙は、ゲバラと鈴木いづみ。それが中心です。あとは昔の文化出版局の本。こう見えて私、中2からオリーブ少女だったんですよ。料理の本は、高山なおみさん。自分でもよく使っているし、知人の結婚のお祝いには、アノニマ・スタジオのビニールがかかっているあのシリーズをプレゼントしているんです。あとは言葉と食べ物のビジュアルにいつもワクワクするハギワラトシコ[3]さんの本。それと第二の父と思っている永井宏[4]さんの本。だいたいそんな感じですかねー」

みんなすごいなぁと思うのは、ただ私が本棚をぼんやり眺めているだけで、こうした応えが返ってくるところ。まだ私はほぼ何も話してない。逆にそれがそうさせるのだろうか?

文化出版局の本は90年代のものが中心。がんちゃんが短大生の頃から、下北沢で花屋の修業をしていた頃に買い求めたものがほとんどだった。パトリス・ジュリアンさんの著書『フランス料理ＡＢＣ』[5]は、ご本人のサイン入り! 1992年発売のもので、長嶺輝明さん（P.88〜）が撮影されていた。

「パトリスさんが白金台でレストランをやっていた頃ですかね、ちょうど。『お鍋でフランス料理』っていう本のトークイベントに出かけたとき『この本に載っているようなすごい料理は作れません』っていう読者がいたんですよ。そうしたらパトリスさんは、『そんなこと言っていたら何もできないんじゃないかな。できないと言っていないで、やってみようと思う気持ちが大切』というようなことを言ったんです。そのとき、いいこと言うなぁって。生活を楽しくするために、人生を楽しくするために、かわいくてためになるパトリスさんの本や発言は、当時の私にちょうどしっくりきたんです。それで、私が友人と開いていた展覧会の招待状を思い切って送ったら、なんと来てくれたんですよー。23歳のときでした。ちょうど席をはずしていてお会いできなかったんですけど、芳名帳に名前を見つけたときはうれしくて、うれしくて」

パトリス・ジュリアンの著書や文化出版局の本から、料理をおいしいだけではなく、かわいく楽しく見せるということを知ったというがんちゃんの言葉に、私もそんな時代、あった、あった！　とうなずいていた。が、そこからの〝鈴木いづみ〟や〝チェ・ゲバラ〟である。人はいくつかの面を持ち合わせているだろうけれど、がんちゃんはあまりに両極端なんじゃなかろうか。「革命に、もしロマンティシズムがあるとしたら、ゲバラはその体現者」というフレーズにぐわっときて、とがんちゃんは続ける。パソコンからは荒井由実の曲がかすれそうなほどささやかな音で流れていた。このムードに引きずられないようにと、頭の中で次のページへと進もうとしたとき……。

「彼のことは漫画で知ったんですよ。29歳のとき。自分にとっての正義を考えていたときでした。それで何か彼のものを身につけたくて、自分でトレーナーにプリントしたり、ポストカードを作ったりしたんです。私には勇気がなかったし、明日はどっちだ!?　と思っていた頃で、彼のプリントがついたものをお守りのような気持ちで持ち歩いていました。若い頃、彼がバイクで旅していたことと、自分もその気概にのっかっていこうってことを掛けて、RIDERって言葉を付け足してプリントしました。今、思うと笑えますけどね」

　その後に見せてくれた本のほとんどは、彼女が転換期を迎える手助けを担っていたり、何かにハマるきっかけを生み出したものばかり。ひとつとして単純に、読み物として、あるいは著者が好きという類いのものはなかった。やっぱり、正面から本と向き合い、付き合い続けている人だったんだなぁ。私も何度も読み返した、池波正太郎の『男の作法』[6]は、がんちゃんがお店のカウンターに座ることを覚えたきっかけとなった一冊。カウンターに座る心得のようなものを読みふけった。が、実際に何年もカウンターにへばりついてきた今、読み返すとぽかんとしてしまうところもいくつかあるし、反対にフムフムとうなずけるところもあるという。

「こういう本を教科書にしたらいいのにって思うんですよね。歴史とかそういう勉強も大事だけれど、社会に出てどう振る舞うかという教科書、ないですよね。カウンターにはいろいろなドラマがあって、同じカウンターでもその日、座る人や時間でも、まったく変わってくる。いろんな人が座るから、そのつど変わるんです。粋にしたいといった空気が漲《みなぎ》りすぎるとさむいなぁと思うし、謙虚にしすぎると意固地になりすぎてしまうところもあるように思うから、どこで止めたらいいかわからなくなるときがいまだにあります。そういうときはまたこれを開くんですけど、結局うまいことできてない、全然」

毎夜、ワンピースを着てハイヒールを履いてカウンターに通う日々が、がんちゃんの自分的ブームだったときには、30枚以上持っていたボーダーTシャツをすべて人にあげたという。ここでもまた両極端の癖が出る。こうと決めたらとことんまで突き詰めないと、自分で自分を許さないのだろう。花屋になったきっかけをかなり遡った先には、林真理子の『ルンルンを買っておうちに帰ろう』の話もある。中学生のときにハマり、特にこれを読んだあとは、上京し、雑貨バイヤーになりたいと思っていたのだそうだ。

「容姿的にコンプレックスを持った女の子が都会に出て、トウキョウのいわゆるギョウカイに入っていって葛藤することを毒舌とユーモアを織り交ぜながらリアルに描いているこの作品には、当時かなり共感しました。早く大人になりたかった私が熱狂的に憧れた80年代の冒険物語です。林真理子さんのエッセイやよく聴いていたユーミンの歌詞(都会とシングルガールが強さとおしゃれの象徴のような)の影響。それに家族の中で威張りん坊だった父に従う、静かで優しい母を見ていてやるせなさと怒りにかられたこともあったのかな。漠然とですけど、将来は男に頼らず自分

で稼げる女になろうと決めたんです。その昔、父は新聞に釣り情報の連載をしていました。釣り情報の連載といっても、潮の流れとか釣れる魚の話ではなくて、自分のポエムのようなエッセイだったんです。今思い返しても、当時も、子供ながらにとても不思議な連載でした。でも、心の中でノーと思いつつも、どこかで受け入れていた自分がいたんだと思います。そこから手に職をつけて頑張るという目標がさらにでてきたことも事実だから、もちろん感謝もしています。本当は父親に褒めてもらいたかったとか、そんな思いだったと思いますが、独立心旺盛だったことも手伝って、『父親をギャフンと言わせたい』『男に勝つ』みたいなことへとねじれていったのかな。今となっては、その理由も、決意もどちらでもよかったのかなと、思いますけれど」

その後、がんちゃんは、かつて彼女の祖父母がよろず屋を営んでいた場所で、花屋を開業する。そのきっかけのひとつとなったのは、がんちゃんが初めて買った洋書[10]『Lee Bailey's Small Bouquets』。通っていたフラワーデザインスクールで洋書を販売する期間があり、そのときに購入したものだそうだ。もう一冊は、晶文社の「就職しないで生きるには」シリーズ[11]『花屋になりたくない花屋です』(他にも、早川義夫の『僕は本屋のおやじさん』などがある)。

この二冊は、いつでも花屋を始めた頃の初心を思い出させてくれる。あとはお母さんからの「花屋さんになって欲しい」という言葉もあった。

「情報を集めるのに手間暇かけていた時代ですよねー。こういう洋書も買うまで大変でしたよ。当時は欲しい本の希望を期間内に書いて書店に注文するというスタイルだったんで。雑誌を切り抜いて、ノートに貼って、自分なりの調べもの帖みたいなものも作ってました。今はそういうことないですもんね。スッキリ暮らすとか、片付けとか、物を少なくとかが流行っているようですが、私は相変わらず雑誌も本もなかなか捨てられない。洋服もシンプルで間違いのない服しか売れなくなってきている。今年しか着れない！ そんな服が売れなくなって久しいと聞きます。私、洋服は適当なものを着てますけど。何を調べるにも、昔とさして変わらず時間がかかっていますよ。時代は変わっていってるんだって、頭ではわかってはいるんですけどね」

かつて渋谷にあった〝ウィークエンズ〟や〝文化屋雑貨店〟が好きで、お店に足を踏み入れるたびに、ワァーッと心躍っていたと、がんちゃん。その感動を、自分が花屋になったときにも再現したい、そんな思いもあった。今も何

度もページをめくる、１９９１年に文化出版局から発売された『花を飾る』[12]は、縄田智子さんと若山嘉代子さん（P.198〜）によるデザインチーム〝レスパース〟が編集したブーケの本だ。Ｈｏｗ ｔｏでは絶対に真似することのできない色気のある花選びとスタイリングは、今なお斬新だと、がんちゃんは鼻息を荒く話す。

「教わりようがないものってありますよね。今だったらこれも真似できることがあるかもしれないけれど、26年前ですよ。ほんと、永遠にかっこいいと思える本。ものづくりをする人はこうじゃないと、と思わされた本。何を美しいと思うかを、あらためて考えるきっかけをもらいました」

　もうずいぶんと前に「人生は選択の連続だよ」と敬愛するハワイのおばあちゃんに言われたことがあった。岐路に立ったとき、知らずしらずのうちにどちらか、あるいはいくつかのうちのどれかを選んできたんだろう。でも、そのことはだいたい後になって、「あぁ、そうだったかもしれない」と思い返すくらいだったように思う。がんちゃんは、選んできた道をこんなにも明確に、はっきりとわかっている。しかもその後ろ盾となってきた本も明確だった。本に支えられ、教わり、励まされてきたこともあった人生。この人の本棚は、きっともっとあるはず、と思っていたら、「寝室にも実は本棚あるんですよ、見ます!?」って、見透かされたようにニコッと私を見て言う。ギャ――――、一体この人は何なんだ！

ロフト的になっている彼女の寝室は、アルプスの少女ハイジの山小屋の寝室を彷彿とさせるラブリーな空間だった。そこにある本は古い雑誌や花の本、漫画などもあったかも。思ったより片付いていたけれど、下に置かれた本棚よりは雑然としていて、私が勝手に思っているがんちゃんのイメージに近くてホッとした。四つん這いになりながら、横並びになっている本を眺めていると後ろからいろいろ話しかけてくる。自分のものを見られているときって落ち着かないから、つい話したくなるのかもしれない。そんな話の中で、心に残った言葉をいくつか。

「私は、拾わなくてもいい球をわざわざ拾いに行っているみたいなんですよ。守備範囲が広すぎだ、と友達によく言われます。でもそれも自分ですからね、付き合っていかないと」

読書のおとも

甘いものとコーヒー。

Yuka Iwasaki

「自分らしさという言葉にざわつきを感じたら、みうらじゅんの『さよなら私』[13]に助けてもらう。これは結構、人にもプレゼントしました。だいたいはこれを読めば解決します。こだわりに別れを告げれば人生はもっとラクに、楽しく生きられるってことを、あらゆる角度から、さまざまな言葉で投げかけてくれます」

「本当のおしゃれは『あぶない刑事』にあると思うんですよー。窮地のときには馬鹿話をするとかね。そういうのが本当のおしゃれなんじゃないかって思ってるんです」

「幕は自分で開けるもんじゃない、勝手に開くんですよ」と、挙げていくときりがない。気付けば、私の頭の中のもやっとしていた何かが消え、スッキリ晴れ渡っていた。そして自分のやりたかったことが沸々と湧き上がってきた。あぁ、やっぱり、彼女は私の人生の中で最大のアイドルだった。確信した。

岩崎有加（いわさき・ゆか）
フローリスト。静岡県沼津市にて「Senbon Flowers MIDORIYA」を営む。詩を書いたり、リーディングをしたりも。普段の会話に名言多し。

本棚から

①

『チェ・ゲバラ伝』三好徹
文藝春秋

岩﨑さんが正義について考えていたときに出会った本。「ロマンティック」とはこういうことと、岩﨑さんが心から思える人の伝記。

②

『【鈴木いづみコレクション 第1巻】長編小説　ハートに火をつけて! だれが消す』鈴木いづみ　文遊社

「圧倒的なスピード感と濃度に胸がバクバクする」。うわついた気分をはりたおしに来てくれる、岩﨑さんにとって先輩のような本。

③

『チャーミングなおやつ』
ハギワラトシコ　ソニー・マガジンズ

前作『勝手におやつ』からハギワラさんの大ファン。「ハギワラさんの言葉は『そんなにいろいろ気にするなよ』と励ましてくれるような気持ちになる」

④

『Smile』永井宏
サンライト・ラボ

1999年に出された、限定6,000部の本。敬愛する美術作家の永井宏さんが放つ言葉を読み返すたび、ふわっとした甘酸っぱい思い出がアレヤコレヤとよみがえるそう。

⑤

『フランス料理ABC―簡単・おいしい・楽しい・メニュー』
パトリス・ジュリアン　文化出版局

所有しているパトリスさんの著書の中でも気に入りの一冊。トークイベントにうかがい、サインもしてもらっている。長嶺さん（P.88～）撮影。

⑥

『男の作法』池波正太郎
新潮社

「これを読めばカウンターの一人座りもこわくない!!　なんて思っていたけれど、まだまだわかっちゃいない自分に撃沈したとき、引っ張り出して読み返す」

⑨

『メロポンだし!』東村アキコ
講談社

「いつも自分におもしろ漫画を紹介してくれる友人が教えてくれたもの。芸能、原宿、宗教、劇団と、すき間なく小ネタびっちり。しかも、オールカラーですよ!」

⑧

『生きてるだけで、愛。』
本谷有希子 新潮社

「若かりし自分を照らし合わせ、自己愛について考える本。今も昔も自分との関わり合いが悩ましいだなんていくつだよ!? と自分につっこみ入れながら」

⑦

『エドワード・ホッパー』
ロルフ・ギュンター・レンナー
タッシェン・ジャパン

「夜のカウンターに座っている人たちを描いた『Night Hawks』が表紙の本。眺めているといつも異次元空間にいける気がする」

⑫

『花を飾る』縄田智子
レスパース/編 文化出版局

26年前にこのセンス! と岩﨑さんが鼻息荒く見せてくれた一冊。何を美しいと思えるかを改めて考えるきっかけをくれた本。若山嘉代子さん(P198〜)のデザイン。

⑪

『花屋になりたくない花屋です』
河田はな絵 晶文社

「就職しないで生きるには」というシリーズの、第一期。就職をするのが当たり前だった時代に、別の生き方を投げかけた本。

⑩

『Lee Bailey's Small Bouquets』
Lee Bailey

洋書を買うにもひと苦労していた30年くらい前に、初めて購入した洋書。花屋になろうと思うきっかけをくれた本でもある。

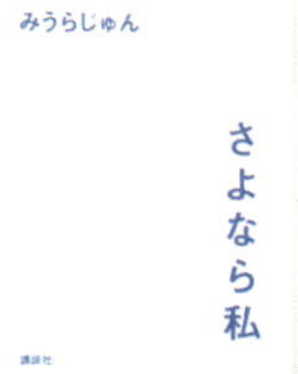

⑬

『さよなら私』みうらじゅん
角川書店

「自分らしさという言葉にざわつきを感じると読む。助けられたこと多し。そしてユーモアの大切さをあらためて感じる本」

15

悠久堂書店
古書買入
陶磁大系
書学大系
中国絵画史
¥120,000
中国書道全集
¥18,000
書道全集
¥59,000
お茶の心
東洋陶磁
¥129,000
中国美術
¥89,000

諏訪雅夫、諏訪雅也

悠久堂書店

三代目 諏訪雅夫

四代目 諏訪雅也

一人暮らしをするとき、住みたい場所として最初に思いついたのが神保町だった。まだ20代半ばのことだ。大学を卒業したてだった私は、学生が行き来する街の、青くさくて甘い香りが恋しかったのかもしれない。安くてボリュームのある定食屋さん、ほんのりタバコの匂いが残る薄暗い喫茶店、入り口にうず高く文庫本が積まれたワゴンが並ぶ古本屋さんが軒を連ねる通り、と好きな場が三拍子揃っていたのもよかった。ここでなら、気ままにぶらぶらできそう、そんなことをおぼろげに思い、一人暮らしを想像しては楽しんでいた。

大学生の頃は、高校生のときからハマっていたスキーの道具が揃うお店が充実していたこともあって、シーズン前には仲間と連れ立ってニューモデルをチェックしに行ったりもしていた。卒業後も、会社が御茶ノ水にあったのをいいことに、昼休みにお昼ごはんを食べがてらスキー道具をチェックする、という学生時代と変わらぬ何年かを繰り返していた。そのとき必ず立ち寄っていた書店が、靖国通り沿いにある「悠久堂《ゆうきゅうどう》書店」。今となっては、なぜここに足を踏み入れようと思ったのかは覚えていないが、料理書が充実していることが繰り返し通う理由となった。昔から料理をするのはもちろん、料理書を読みながら、作っていることを想像するのも好きだったからだ。

今は、東京での仕事帰りや、ランチ時に行きたいお店を求めて、気が向くと出かける。ときにはダンナと出かける街にもなった。中古レコードと古書好きのダンナにとってもこの街は心地いいようで、互いに好きなようにまわって、先に終わったほうが喫茶店に入ることを知らせて待つ。結婚したばかりの頃は、まだメールなんてものもそれほど普及してなかったから、時間を決めて待ち合わせしていた。だいたいどちらかが遅れて喧嘩になっていたが、今はそういうこともない。便利になったものだ。時間を気にせず、ぶらぶら見てまわれるというのもありがたい。けれどもなぜだか、ちょっと寂しい気もする。人ってないものねだりだなぁ。そして、いつでも完璧に満足することはないのだと思い知る。完全なようでそうでもないくらいが、次はどうしようかと考えることにもつながってちょうどいいのかもしれない。これが私の神保町の思い出だ。この街を訪れると、いつも繰り返し歩いていた道をまた同じように歩き、この書店の扉を開ける。

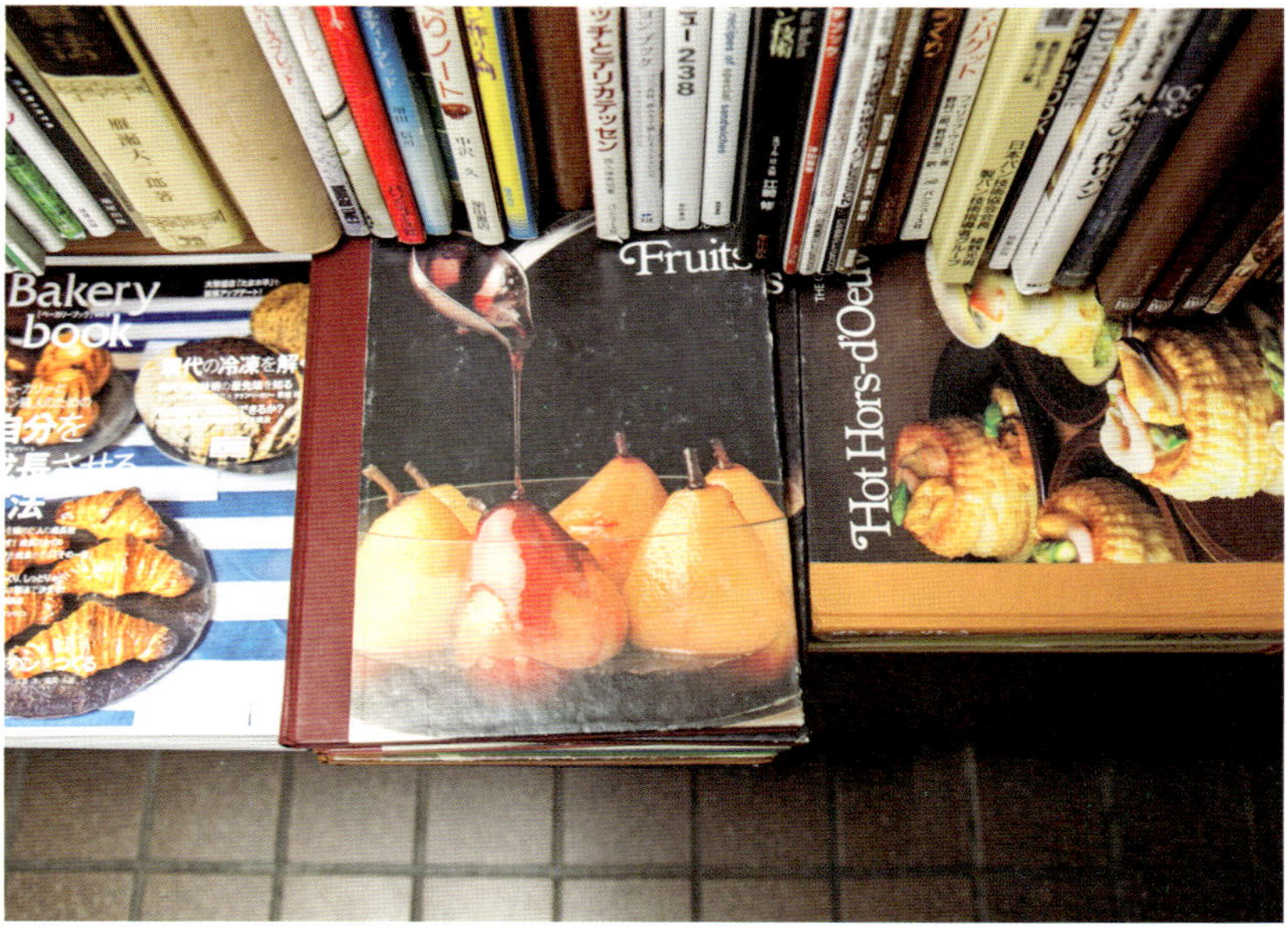

大正4年創業。今年で102年を迎える書店の名は、新潟の長岡出身の初代が悠久山という山の名から取ったものだ。明治時代に神保町近辺に学校ができ、その古書需要で一代目は教科書や学術書などを扱っていたのだそう。二代目は山の本を、現在、切り盛りをしている三代目は料理書を専門にしている。若旦那となる四代目は美術展の図録を専門にしている。そういえば、今回取材させていただくにあたり、大きなウィンドウが印象的な店構えを改めて眺めていたら、通り沿いにある店名を記した看板の書店名の脇に、山岳、動植物、美術、料理書との言葉が添えられていた。20年以上通わせていただいているが、初めて目にした。そしてそれがそれぞれの代で専門にされていたものだと知った。料理書が専門という三代目のお眼鏡に適った本が収まっている棚が並ぶ私の好きな筋は、通りからお店に向かって左側に位置する入り口からすぐ右側に入ったところ。ワインやチーズに関する専門書や西洋料理に関するエッセイが数多く並んでいる。今でも時々読み返したり、買い足すこともある辻調グループの創設者であり、フランス料理研究家でもある辻静雄さんの食エッセイは、20代のとき、ここで初めて手にしたものだった。まだ見ぬ異国の華やかな料理にワクワクしたのも、ここで手にしたTIME LIFE

BOOKSの「世界の料理」から。もちろん、日本料理や中華料理の類いも並んでいるが、目に入ってくるほとんどは西洋もののように感じた。見た目も話し方も紳士で素敵な三代目のご主人は、いかにも料理をしそうだし、ワインやチーズにも詳しそうな雰囲気が漂っていた。それで三代目に、西洋料理の本が多いのは、ご自身がワインやチーズがお好きだったりするからですか？　と訊いてみると、

「料理はしないけれど、本を見るのは楽しいよね。ワインは好きで以前はよく飲んでいたけれど、最近は中国茶が好きでね。それに関するものを読むのもおもしろいんですよ」とのお返事。続けて「最近は岩茶《がんちゃ》にハマっていてね」と言って、本棚から左能典代さんの『中国名茶館』[1]を取り出して見せてくれた。岩茶は岩茶でも三代目がお好きなのは〝大紅袍《だいこうほう》〟と呼ばれるお茶で、武夷《ぶい》四大名茶の筆頭に位置するものらしい。

「中国茶はワインと考え方が似ていてね、香りや味わいもそうだけれど、土壌とかも大いに関係してくるんです。この〝大紅袍〟はね、武夷山の天心岩《てんしんがん》の一角に樹齢４００年の古木を３本だけ残している貴重なもので、毎年春に一度だけ茶摘みして製茶するんだそうですよ」

けれどもそれは皇帝の専用茶だったことから、別の高い岩の一角に二世の植樹と育成をした人がいた。三代目が開いたページに、岩というより切り立った崖の先端にちょこんと植えられた木が見えた。どこからどう登ったらこの崖の先にたどり着くのか……気が遠くなりそうな写真を見ながらそんなことを思った。「岩茶は、香りからして違うんです。１００グラム1万円もするものもあるんですよ」と、うっとりした表情とゆっくりした口調で三代目の話は続いた。私はというと、ダンディな三代目の物事に対する造詣の深さに、さすが１００年以上続く古書店のご主人らしいなぁと思うと同時に、１００グラム1万円ってところが無性に響いてしまい、自分の下世話さを恥じた。

三代目の優しい声が音楽を奏でるようにふわふわと宙を舞う、背の高い本棚と本棚の間で、少しだけ顔を上げながら、三代目の指差す先の本を目で追った。細い棚の間の通路は、端から端まで普通に歩くと20歩ほどだろうか。両脇にぎっしり並ぶ料理書は、背表紙に記されたタイトルをなぞっていくだけでも一日中飽きることがないものばかりが並んでいた。

開店と同時の朝10時からの取材だったけれど、10分前に

¥500

お店の前に到着するとすでに数人のお客さんが店内で本を開いていた。端から端まで置かれた本棚と、間にうず高く置かれた本のおかげで、決して広いとは言えなくなった店内を、互いに肩を反らせてよけ合いながらすれ違う。お店を覗くときは自分もお客だからか、こういった光景を外側から見ないし、何か思うこともない。その中に自分もいるからなのか、こうして目の当たりにすると、朝から古書店がこんなにも混み合っていることが不思議に感じた。

「みなさん朝早いんですね」と言うと、「うちは毎日入荷があるからね」と三代目。用事があるときか、ぶらりと覗く以外になかったからか、毎日入荷があるとは考えてもみなかった。よくよく考えてみたら、古書だって流通しているわけだから、新しいものが入ってくるのは納得なのだが、毎日とは！　いろいろお話をうかがうと、思いもよらないことが出てくるからおもしろい。

三代目の話は続き、1985年に文藝春秋から発売した、うさぎやイノシシ、牛の顔などリアルでセンセーショナルな食材と料理の写真が並ぶ、増井和子さんの『パリの味』[2]や、1977年に発売した辻静雄さんの『フランス料理研究』[3]（限定1250冊のもの。ちょっとしたテーブルくらいある巨大な一冊）など、普段なかなかお目にかからないようなものが次々出てきた。結局、担当編集さんとカメラマンの公文さん、私の三人はそれぞれに、紹介してくださるものを次から次へと[4,5,6,7,8,9]「これ、欲しいです！」と、巨大本以外は、ほぼ買い占めてしまった。紹介しているのにこんなに買ってしまっていいでしょうか？　と、ふと不安に思い、三代目の顔を覗き込むと、またも紳士的な笑顔で「古書はまたまわってくるものですから大丈夫」と、言ってくださった。

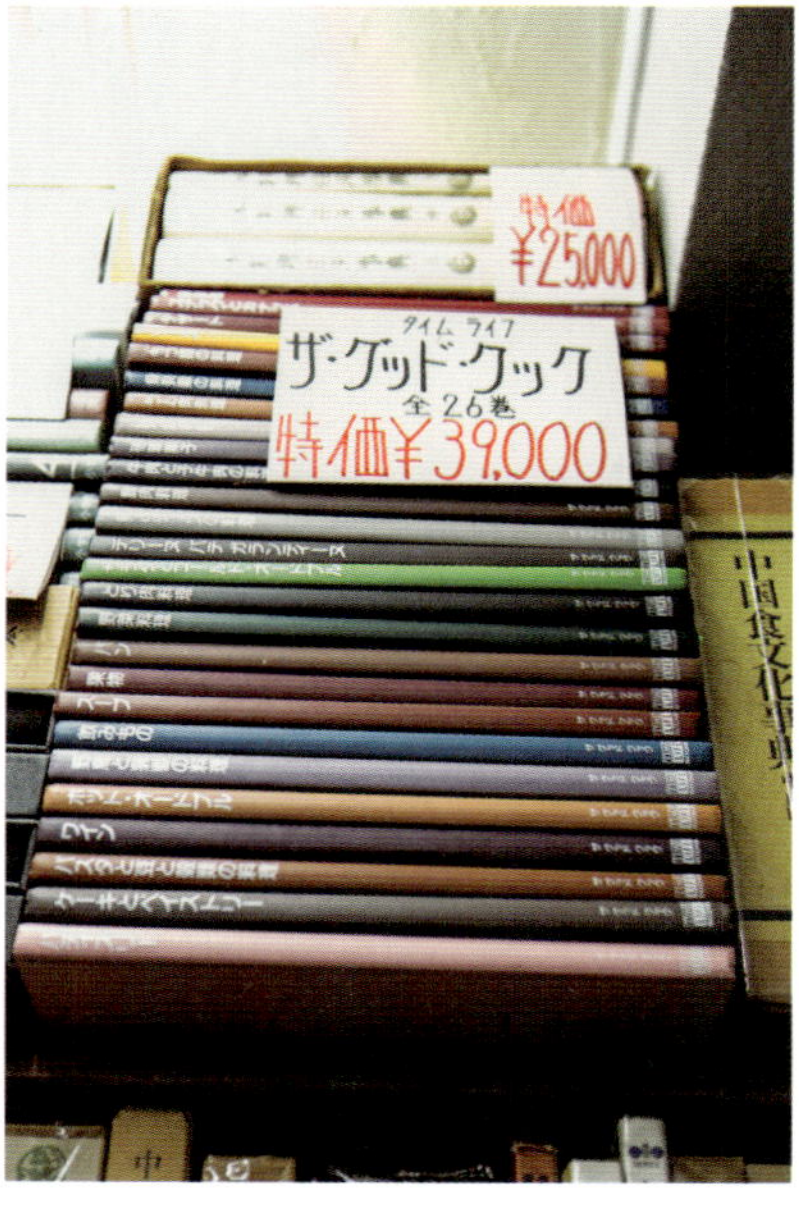

ほっと胸をなでおろし、今度は四代目が担当する美術書と展覧会の図録が並ぶ隣りの筋へとまわった。20年以上

諏訪雅夫、諏訪雅也

通っているが、実はこの筋に足を踏み入れたのは初めてのことだった。お気に入りは自分で探すのが私の基本。食べ物も、レストランも、旅に出るときも自分の足で探し、味わったものを大切にしてきた。だから、誰かの本を読んで行ってみたこともなかったし、おすすめのレストランの話も聞いているようで聞いていないと友人たちに叱られるくらい。自分で選んだもの以外、興味がなかった。けれどもここ数年、レストランや食べ物に関しては相変わらずだけれど、歳のせいもあるのか、本やコスメなど、物に対しては人のおすすめを試してみるおもしろさを知った。きっかけは、高山なおみさん（P.178～）と『ダ・ヴィンチ』という本の雑誌で、「はなべろ読書記」という本と料理の連載をしていたことからだった。毎回、高山さんが出してくる本を読んでからでないと、次の撮影には臨めない。内容を理解していないと作る料理も背景もわからないから、仕事にならなかったのだ。

最初は、仕事の資料として読んでいたが、いつしかそれを課題図書を手渡されるように、待っている自分がいることに気付いた。自分では選ばない本への誘いは、ページをめくるたびに知らない自分に出会うようで、ドキドキした。自分はこういうのも好きだったのか、と何度あらためて思ったことか。だから、新しい本棚の筋に立ったときは、どんな自分に出会えるのかとワクワクした。ところが、なんとまぁビックリ。これまで見ていなかったことが不思議なくらい、もともと好きな世界だったのだ。棚に並んでいたのは地獄絵図や天狗、龍の天井絵などといった展示の図録。つい先日も京都で地獄絵図を見てきたばかりだった私は、呼ばれたような棚の並びに目を見開き、ポカンと口まで開いていたらしい。とはいえ、天狗の展覧会だなんて見たことも、聞いたこともないものも並んでいた。わかってはいたけれど、世の中はまだまだ知らないことだらけだ。ネット上で流れ出ては消えてい

くようなものではない、ページをめくることでこそわかる、刻み込まれた文字と写真にある揺るぎない証のようなものを、もっともっと自分の目で見て、体に沁み込ませたいと思った。

四代目がお店に入ったときは、ちょうど世の中に展覧会が増えていった頃。70年代にはまだ難しかったカラー印刷も、ようやく美しく印刷できる技術が発達し、図録の充実も目覚ましかったという。

「図録は見ていて楽しいというのもありました。でも、どうせやるなら一番を目指したいと思ったんです。それで絵[11][12]など平面の図録から入っていったんですけれど、立体作品[13]にも虜になり、今度は図録に載っている実物へと、どんどんきっかけをもらって、今もその先へとますますつながっている感じです」

四代目の、お客さまが私にとっては先生のようなもの。〇〇を探して欲しいという依頼から自分が勉強することになる流れが多く、そこからさらにまた知見が広がっていく、との話を聞きながら、なるほどなぁとうなずきながら〝常に勉強〟という心意気に頭がさがる思いだった。

先日観た、京都の地獄絵図は撮影不可だったこともあり、どんなものが載っていたのか、もう一度この目で確かめたいと思い、図録に手をかけた瞬間、お店の電話が鳴った。地獄絵図の図録を探しているという大学の先生からの電話だった。不思議なタイミングにひやっとし、運ばれていってしまった地獄絵図を横目で見た。まだ見なくてもいいってことだろうか!?

それでもう一冊気になっていた、1986年に根津美術館で催された『龍虎の世界』の図録を購入することにした。何と言っても龍は私にとってまだ好きな理由が解明できてないもののひとつなのだから、見ないわけにはいかない。この図録から何かがわかるかも!? なんて根拠のない思いから手に取ってみた。家に帰って開いてみて、やっぱりな、と思った。惹かれる理由は解明されなかったけれど、背筋がゾクッとする凄みと迫力のある絵や立体が満載だった。直感とタイミングはいつ何時も大切だ。

担当編集・村上さんの「山の本も見たいです！」という言葉を受け、四代目は二階にまとめられた山の本も説明してくださった。二代目が山の本をやっていたのは、山岳文学が増えてきた頃。[14]畦地梅太郎さんや辻まことさんなど、人気の山の作家たちの画文集は、今見てもまったく古びた感じがしない。むしろ、新鮮にさえ感じる。四代目がお気に入りとして選んでくれた、1955年に発売された畦地梅太郎さんの[15]『山の絵本』は、描かれた山の形や色、紙質まで、どれも本人が描く山男同様、愛らしく、優しくも厳しい山の空気をまとっていて、ため息ものだった。1枚ずつページをめくってもらうたび、皆から声にならない、小さな「あー」とか、「ほー」とか、「ひゃー」といった声がかすかに漏れた。限定80冊、50万円。カメラマンの公文さ

特価¥25000
アシェット・デセール
ザ・グッド・クック
全26巻
特価¥39,000
新中国料理 彩華
全4巻 定価¥198,000
特価¥39,000
柴田書店
中国名菜譜
全4巻
特価¥9,000

諏訪雅夫、諏訪雅也

んと編集の村上さんは、「いいですね〜。50万か〜。頑張れなくはないですね」などと、一瞬、買うのかな!? と思うような言葉を連発していた。やるときはやる二人なので、もしかしたら!? と、内心ドキドキしてしまったが、皆、踏みとどまった。誰か暴走して欲しかったなぁ。

四代目に紹介していただいた山の本の中に、1963年に刊行された伝説的な登山家、ガストン・レビュファの、アルプスの美しさと山岳の記録映画としても知られる『天と地の間に』[16]があった。装丁の美しさに惹かれ、ページをめくると、槍のように尖った崖の先に登った人の写真が目に入ってきた。どこかで見たことあるなぁと考える間もなく、三代目が勧めてくれた本の、岩茶が茂る切り立った岩の写真がフラッシュバックした。偶然とは思えぬ、親子のセレクト。頂点を目指す古書店主たちの生き様を垣間見た瞬間。自然と手を伸ばした選書には、二人の底にある思いが込められていたように感じた。

読書のおとも

寿々㐂の煎餅、長湯の温泉水、一柳製菓のレーズンピーナッツ、岩茶房のお茶。

追記：当初、取材をお願いするにあたってご自宅の本棚を見せていただければとお願いをした。が、家の本棚も、お店もほぼ変わらないのでというお返事をいただき、それに感銘を受けた。そんな書店だからこそ、通い続けてしまうのだろう。売るためだけではなくて、自分たちが心底好きになって、そこから始まる本棚の並び。ここまで大きな古書店でそれを実現し、しかも100年以上も続いているのだから、この思いを知らず知らずに受け取り、引き込まれている人たちが大勢いるに違いない。そういう私もその一人だ。最後に「お店とご自宅が同じような本棚となると、好きなものを手放す（売り物にする）のは辛くないですか？」と、三代目に訊ねると、「うちは中継地点だからね。いいなと思っても、ぱらっと読んでリリースします。そこに執着はないですよ」とさらり。さすがのお応えに、私はただうなずき、愚問だったと気付いた脳からの指令で、体が熱くなってくるのを抑えるのに必死だった。

悠久堂書店

諏訪雅夫・雅也（すわ・まさお、まさや）

1915年創業。今年で102年を迎える神保町の老舗古書店。現在は三代目と四代目が切り盛りする。主に山岳、動植物、料理、美術を得意とし、各代がそれぞれの専門を担当する。二代目＝山岳、三代目＝料理書、四代目＝美術。ともに同書店で働く四代目のお姉さまは、幼い頃から素晴らしい料理書が周りにあったからか、ル・コルドン・ブルーやパリのリッツなどで料理を学んだ経験もある料理上手として、出版界では知られた存在である。

①

『中国名茶館』左能典代 高橋書店

ご主人がワインよりもお茶、とハマるきっかけになった、青茶、緑茶、花茶、黒茶など全108種のお茶を産地、特徴など細かく記したもの。「日中文化交流サロン岩茶房」を主宰する著者のお店へとお茶を買いに行くことも。

②

『パリの味』増井和子
文藝春秋

パリ在住のジャーナリストによる、フランスの食文化と名店のメニューと解説。食べるということをあらためて考えさせられる丸山洋平氏による大胆かつ圧倒的な写真もすごい。

③

『フランス料理研究』辻静雄
大修館書店

辻調理師専門学校の創設者による、フランス料理のルセット（レシピ）がまとめられた決定版。1977年発売の限定1250冊のうちの一冊は、テーブル大ほどもある巨大なもの。

④

『現代西洋料理』オイゲン・パウリ
三洋出版貿易

1976年に原書が発売され、82年に日本語訳が発売された、厚さ7、8cmはあるだろう、西洋料理の辞書的な一冊。なんと当時の正誤表までもがきちんと挟み込まれている。さすが悠久堂さん！

⑤

『ステファヌ・ランボー30ans』
ステファヌ・ランボー 柴田書店

1980年代から10年ほど、大阪のホテルプラザで腕をふるっていた20代のフランス人シェフ、ステファヌ・ランボー。たくさんの人を魅了し続けた味わいが残された一冊。

⑥

『ボルドー』 ロバート・M.パーカーJr.／著、楠田卓也／訳 講談社

ワイン好きのご主人が一番好きな生産地はボルドーだとか。書名通り、各ぶどう園やヴィンテージリストなど、1961〜97年の生産ワインについてまとめられている。

⑦

『料理人の休日』辻静雄 鎌倉書房

辻調理師専門学校の創設者である著者が、パリやロンドンの古書店で古い料理の本を探し歩く様や、ワインのたしなみ方、選び方など、休みの日にも料理のことばかり考えていた日々がまとめられたもの。

⑧

週刊朝日百科
『世界の食べもの』146冊
石毛直道、辻静雄、中尾佐助／監修

1980年に創刊された、いわゆる“週間○○”の走りとなったシリーズで、世界の食べ物についての文化が事細かく、記されている。全146巻。

⑨

『中国食文化事典』中山時子／監修
角川書店

中国の多彩で多岐にわたる食がどのように形成されてきたか、その背景にあった風土はどうだったかを解明すべく、文化的方向から、実践面からと紐く。

12

『特別展覧会 没後200年　若冲 Jakuchu!　伊藤若冲』図録
京都国立博物館

連日大行列をなしていた若冲の没後200年を記念した展覧会。いわゆる名作から珍しいものまで網羅した豪華な図録。

11

『谷中安規の夢　シネマとカフェと怪奇のまぼろし』図録
渋谷区立松濤美術館

ミステリアスな作品を残したことで知られる1930年代に活躍した版画家の展覧会図録。2003年開催。

10

『天狗推参!　特別展』図録
神奈川県立歴史博物館

世の中にさまざまな展覧会があれど、まさか天狗の展覧会があったとは! 開催は意外と最近で、2010年。神奈川県立歴史博物館にて催されたときの図録。

15

『山の繪本』
畦地梅太郎

スタッフ全員、ページをめくるたびにため息が漏れた画集。山はもちろん、その周りをめぐる人、景色が描かれている。1955年刊。80冊限定のうちの貴重な一冊。

14

『山の声』辻まこと
東京新聞出版局

辻まこと以外にも畦地梅太郎、田淵行男など、山を通じて名を馳せてきた作家、画家、写真家による絵と文章集。縦にかけられた帯が装丁をさらに素敵に見せている。

13

『特別展　日本のかたな　鉄のわざと武のこころ』図録
東京国立博物館

1997年に開催された刀展の図録。ひたすら刀や鞘の写真が続く。古墳時代から始まり、平安、安土桃山、江戸と時代は多岐にわたる。

18

『高山蝶』田淵行男
朋文堂

高山蝶研究家で山岳写真家でもある著者による、美しい蝶の写真集。昭和30年代の印刷技術を駆使した写真が何とも美しく、味わい深い。

17

『ペルケオ・スキー読本』木下是雄
朋文堂

日本の物理学者の同人会「ロゲルギスト」の一員で、自然に関するエッセイも執筆していた物理学者によるスキーの本。1954年刊。表紙のデザインとイラストがかわいい。

16

『天と地の間に』ガストン・レビュファ／著、近藤等／訳 新潮社

登山家自ら、映画制作も手がけた作品。何より手の込んだ装丁とモノクロ写真の美しさに惚れ惚れする一冊。背の部分のみ革だと気付いた担当編集村上さんもすごい!

16

A DAY IN THE LIFE
THE WONDER CLOTH
bauhaus
1919-1933
LACQUER & SILVER
NEW BASIC FOODS
PAPER NOTE BOOK
MEDITERRANEAN
Red Dot
10 Button Book
1.2.3 NOUS VOILA!

池水陽子

スタイリスト

池水陽子

子供の頃はよく口にしていた〝親友〟という言葉。大人になってからはほとんどそういった類いのことを思いもしなければ、自ら口にすることもなくなった。でも、あえて大人になってから出会った中でそういう人がいるとしたら、きっとこの人だろうなと思う。出会いは仕事から、だった。彼女は料理やインテリアのスタイリストをしていて、私は出版社に勤める編集者だった。かれこれ付き合いは24年にもなり、ともに遊び、仕事をし、話し込んでもきた。旅にも何度も出かけた。結婚する前も後も、彼女に子供が生まれてからも。何ら変わってないように思っていたけれど、少しずつお互いの環境は変わり、もともと住んでいた場所から引っ越しもした。久しぶりにゆっくり話す時間を持ち、あらためて本棚を見せてもらったことで、思っていた以上に空白の時間を重ねていたことに気付いた。

池水陽子さんは、今は料理を中心に雑誌、単行本、広告などで活躍しているスタイリスト。中学生の娘を持つ、現役の母さんだ。彼女はよく本を読む。朝早くから娘のお弁当を作り、スタイリング用のグッズや器の貸し出しに出かけ、撮影後には打ち合わせをしていることもある。一体いつ、どのタイミングで読んでいるのかと思うけれども、とにかく昔からよく本を読んでいるのだ。どうしてそれを知っているかというと、彼女は唯一、私に本をプレゼントしては、勧めてくれる友人だったからだ。江國香織の『神様のボート』[1]も、リリー・フランキーの『東京タワー』も、吉本ばななの『海のふた』も、みんな彼女から当時、発売してすぐにもらった本だった。自分が読んでみて「おもしろかったよ」と言うことはあったとしても、その本を（しかも文庫ではなくて、たいがい単行本を）購入までして「これ、おもしろかったから読んでみて」と手渡されることはあまりないのではないだろうか。少なくとも私には、こう何度もそんなことをしてくれる人は彼女以外に思い当たらない。だから、彼女がいつでも本を、間を空けることなく読んでいるのを知っていた。

そういえば、今思い出すと、ちょっぴり恥ずかしくなってしまうけれど、二人で江國香織と辻仁成の『冷静と情熱のあいだ』を読んで、映画まで観に行ったこともあった。どの回もものすごい混みようで、一席も空いておらず、二人で一番後ろの席の、通路が段になった床に座り込み、体育座りをして観た。ともに結婚前で、恋愛もいろいろあったときだったのか、映画を観ながら何かしら自分と重ねてしまったこともあってずいぶんと泣いた。映画が終わって明かりが点いたとき、はげ落ちたマスカラでパンダのようになった顔が明るみに出て、えらい笑った。ブサイクで情けない顔だったけれど、いろいろなことに一生懸命に、ともに駆け抜けていた頃の記憶だ。

私はプレゼントされた本を、彼女の思いを追いかけるように次々と読んできた。胸をえぐられるような悲しく切ない恋愛ものだったり、淡々とした暮らしが綴られているものだったり、いろいろあった。読み終えるたびに、なぜこれを私に勧めてくれたのかを考えたりもしたが、おそらく

良い本の〝共有〟ということが一番だったんじゃないかと今は思う。ここ7、8年は、そんなやりとりもなくなっていたが、今もたまに最近読んだ本の話をしたりする。そうやって思い返すと、自分が読んで良かった本の話をする相手というのもそうたくさんはいないことに気付く。本を紹介するとか、勧めるといったことは、ごく身近な人にしかできないプライベートなことなのかもしれない。おそらく、自分が気に入ったものを誰かと共有したいという思いがあっての行動だからだ。長年のやりとりを振り返ってみて、今さらながらそこを思い、胸が熱くなった。

そんな彼女の本棚は、棚3台が壁一面にぴったりと収まっているものだった。天井の高さと本棚の背丈もほぼ変わらない。あまりにぴたっと収まっているので「これ、よく入ったね」と言うと、「力技よ」と、お茶目な返事が返ってきた。「本棚用じゃないから、奥行きがずいぶんあるの。だから、最初はどうかなと思ったけれど、意外と慣れてくるもんね」

奥行きのあるその棚は無印良品の木製のもので、かつてはキッチンで食器や鍋などを収納していたもの。それにステインを塗り、あらためて本棚として再利用していた。3台並んだ棚にぎっしり本が詰まっている様はかなり圧巻だった。本は普通に差し込まれているものもあれば、重ねられていたりもする。一見、ラフなようだけれど、それなりにルールがあるように見えるのはさすがスタイリストの成せる技。きっちり美しすぎる本棚ほど、いかに普段手を伸ばしてないかがわかる。彼女の本棚は、実際に普段出し入れされている感じもありつつ、いい感じのラフさで本が収まっている。そのゆるめ加減ったら、ほんと絶妙だった。

「何度も片付けようと思っているんだけど、途中で『これはどうしようか』と開いちゃったら最後。じっくり見入っちゃって、結局片付かないの。特に手放せないのは娘が小さかったときに読んでいた絵本。あと、昔の雑誌。真ん中辺りは洋書の段。今はほとんど買わないけれど、昔はよく買ったなぁ。洋書も手放せないもののひとつ。今のもののほうがサクッとさよならできるけど、昔のものは、なかなかねぇ。ほら『Citta』も『H_2O』（１９９０年代の雑誌）もあるよ！　今や誰も知らないような雑誌もとってある。『Good House Keeping』『casa nuova』とかも」

『Citta』は、その昔、私が出版社に入りたての頃、生活情報誌にまだ憧れが残っていた時代に作っていた雑誌だ。カフェブームのもっと前。アーティストの小山千夏さんが「Shozo Café」を紹介する旅のページや、根本きこさん（かつてはフードコーディネーター、今は沖縄に移住して主婦になっている）のおうちカフェなんてことを特集していた。池水さんにはインテリアや料理ページでスタイリングをしてもらっていた。ん〜、懐かしい。そして誰も知らない雑誌と言われた『Good House Keeping』もこれまた少しばかりお手伝いしていたことがあった雑誌。いやはや懐かしい。当時はまだインターネットやパソコンもそんなには普及していなかったから、雑誌が何より大きな情報源だった。いい時代だったなぁ。手放せない気持ち、本当によくわかる。そう言いつつも、最近、泣く泣く大量の『Olive』を処分してしまったのだけれど、こういう昔懐かしいお宝がしっかり収まっている本棚を見ると、捨てなきゃよかったと心底後悔する。

メインの本棚を後にしながら「他にはどこに本、置いてるの？」と訊くと、「見る!?」と、またお茶目なクスリとした笑顔が返ってきた。もう何十年も変わらないこの返事。あらためていいなぁと思う。いつ何時もフラットなのだ。かといって機嫌が悪いわけでもなく、ふわりと周りの人たちを包み込む応対。何十年も一緒にいながら、学びたいと思っているけれど、決して真似できない感じ。それは本選びにも一貫していた。彼女は人におすすめするだけではなく、人からおすすめを聞くのも好きなのだそうだ。友人たちとマンガの貸し借りもよくするし、娘からのおすすめもちゃんと読んで、感想を伝えるのだと聞き、人柄が出ているなと感心してしまった。私はどちらかといえば真逆だ。自分の目で、自分の体で確かめないと納得しないし、選ばない。だから、どこかに出かけるにも、何かを食べるにも人におすすめを訊いたりすることはまったくと言っていいほどなかった。それに比べてこの柔軟さ。私が唯一おすすめしてもらって受け入れていたのは、彼女から手渡された本くらいだろうか。

さて、もうひとつの本棚。それは寝室にあった。寝室に本棚があるのはよくある話だが、何とそれは本棚ではなく、ローラーを付けた台にのせられた大きな木のボウルだった。そこに本がわしゃっと積み重ねてある。通常それはベッドの下に入れ込んであって、寝るとき彼女は長い手をひょいと伸ばし、それをちょいと引き出して読みかけの本を取り出すのだそうだ。このアイデアは、ベッド下が空いている人にはめちゃおすすめしたい。ベッド横に読みかけの本が積み重なってタワーになっている人って多いんじゃないだろうか。こんなところにも彼女の職業技を垣間見た。

もうひとつはキッチンにあった。レンジフード脇に何のためかわからないほど縦長の極細収納棚があり、そこに数冊、料理本を入れているという。『料理教室のベストレシピ』石原洋子、『飲めるおつまみ　ウマつま』サルボ恭子、『ひだパン』飛田和緒、『燻製作り入門』片山三彦など。たった4〜6冊だけでわりといっぱいいっぱいいっぱい。燻製本は、キャンプ料理が得意なご主人のものだろうか？

食べる、寝る、ときたら当然トイレにもあるだろうと思ったが、トイレに本棚はなかった。どうして置かない

のか訊いてみると、「トイレに長居しないタイプだからかな。読んでいる暇がないのよ（笑）」と明快なお応え。これは見習いたい。我が家のトイレは本棚というか、立てかけ、重なった本と雑誌が結構な量ある。それらをじっくり読みふけってしまうのだから、滞在時間の長さは言うまでもない。

　ひと通り、本棚を見せてもらったのち、ようやくお気に入りの本を選んでもらうことになったが、本読み番長のイケ（私は長年そう呼んでいるのでここら辺りからこの呼び名で失礼します）は、どれも思い入れがありすぎてなかなか選べなかった。ならば〝これは！〟と思うものをまずは出し、そこからさらに絞ろうとなり、さっそく出してきたのはいいけれど、出てくる、出てくる。「どうしよう、決めきれない」と、いかにも悩んでいるように言うけれど、顔はふにゃっと笑っていて、さりげなくこちらに決定を求めてくる。何というゆるやかさだろうか。はいはい、わかりました、全部、紹介しましょう！　というわけで、おそらくこれまでで一番多くのお気に入り本が紹介されることになった。一冊ずつコメントをもらっていて気付いたのは、子供が生まれてから影響され、手にしたものも結構な数を占めていたこと。

「あとから考えてみると、自分への励ましの言葉が欲しかったのかもしれない」という、北山耕平さんの『地球のレッスン』[3]は、娘が保育園に通っていた頃に買ったもの。義母からある日突然送られてきた『The Angel's Message』[4]は、パッとめくったページにその日のメッセージが書かれている。励ましのような、そうでもないような淡々としたメッセージは、それほど自分を奮い立たせなくてもいい、ゆるやかさがあってよかったという。娘に、と思って手にした飛び出す絵本[5][6]は、その美しさと繊細さに自分自身がハマってしまい、買い求めるようになったのだそうだ。

「子供がいる暮らしになってから、娘も読むかしら？　と思って買うものも増えたかな。娘はすぐには読まないけれど、気付くといつのまにか読んでいることが多い。子供の本って、子供用になっているからわかりやすいのよ。言葉も表現も。『こども哲学「自由って、なに?」』[7]はまさにそうで、哲学書っていうと難しくなってしまうけれど、これなら読んで、大人も納得するような内容にまとめられている。子供の本ってほんと、よくできているなぁって、読むたびに感心してるの、いっつも。漫画も元々読んではいたけれど、娘が別マ（別冊マーガレット）を読んでいて、ふとぱらっとページをめくって気になった[10]『町田くんの世界』は、最近の自分の中でのヒットだったもの。愛だの恋だのとは違う、心がスーッと落ち着いて優しい気持ちになれるマンガ。アカにも読んで欲しい」。久しぶりにおすすめされたので借りてきました。

　本だけじゃなく、子供に教わることは日々の暮らしからも多い、とイケ。地球上に生まれてきてまだ数年の人たちのピュアな気持ちや行動は、何十年も生きてきて、何でもわかっているつもりでいる我々をハッとさせることがたびたびある。幼い頃、手にしてきた児童文学や子供のための本、当時は何の気なく読んできた本だけれど、今だからこそ改めて読み返してみると、おもしろいかもしれない。

　ちなみに借りてきた漫画『町田くんの世界』は、おっしゃる通り、ほんのりした恋愛の流れはあるものの、人の優しさを中心に繰り広げられるお話だった。読みながら、そうだね、そうそう、と、心でうなずきながら、帰りの電車で夢中で読んだ。ふと顔を上げると見覚えのない景色が窓の外を流れている。終電一本前の電車に乗っているというのに、乗り過ごしていたのだ。慌てて乗り換え、何とか最終の電車で我が家まで帰りつけた。が、久しぶりにマンガに夢中になったと同時に、心洗われるあたたかなストーリーに、清々しい気持ち満タンで帰宅した。

　イケの気に入りの本の中には当然、仕事柄、料理の本も多く含まれていた。[11][12]堀井和子さん、[13]春山みどりさん、[14]ハギワラトシコさん、[15]上野万梨子さん、[16]ケンタロウさん。名だたる方々の本は、今見てもどれも古びてない。なかにはもう20年くらい前のものもあった。

「私、同じ本を繰り返し読むのが好きなの。この本の、この部分が好きだったなぁって記憶していて、それを思いながら読み返すの。新刊は、出たらまず読むんだけど、気持ちが先走りすぎているからまずはザーッと読んで、もう一回読むことが多いかな。[21]『世界の終りとハードボイルド・ワンダーランド』は好きすぎて何回読んだかわからないくらい。『神様のボート』もそうだね。アカにもあげたよね?」

はい、いただきました。江國香織さんの『神様のボート』[1]。これは何度読んでも最後はしゃくりあげて泣いてしまうから、もう読まないようにしようと思うんだけれど、私もついつい読み返してしまう。

読書のおとも

ポリポリつまめる甘いもの、あるいはドライフルーツと白ワイン。

村上春樹さんの作品については、二人でよく語り明かしていたことがあった。お酒とか飲みながら。今思うと、暇だったなぁ。そして自由だったなぁって思う。そういう時間を大切にしていたなぁとも思った。だから村上春樹さんについては話尽くしていたと思っていたけれど、まさか『世界の終りとハードボイルド・ワンダーランド』を文庫じゃなくて単行本で持っていたとは！　この本は、私も何度も読み返しているけれど複雑すぎてすぐ内容がわからなくなってしまう。けれども好きだったことだけは覚えていて「あれ!?　何で好きだったんだっけ?」と気になって、また読み返してしまう。文庫は上下巻にしないと収まらないくらい、長い。単行本の厚さも推して知るべしだ。それを二宮金次郎状態で、読み始めると止まらなくて、持ち歩いているというから、イケ、どんだけ本が好きなのさー！　驚きました、本当に。

長い間、遊びに仕事にと時間をともにしてきた友人と、本棚を見て話す時間は、自分の人生を総括するような時間でもあった。20代半ばから50歳手前になる現在までの凝縮された時間が、駆け足で流れていった5時間。思い出話と、今のこと、本、そしてまたいつか旅に出ようという話は尽きず、結局、最後はカメラマンの公文さんと三人で飲みに

出かけることに。
ともに仕事してきた私たち三人は、また再び本をおすすめし合おうと約束した。同じものを読み、お酒を飲みながら感想を語り合う。やっぱり最初のおすすめは、イケがみんなにしてくれるのかな。今から楽しみでならない。

本棚から

①

『神様のボート』江國香織
新潮社

「何度読んでも、同じところでいつも号泣。わかっているけれど、何度も読み返してしまう。この切なさを共有したくて、思わず、アカにもプレゼントした本」

②

『アナザー・ワールド 王国〈その4〉』
よしもとばなな 新潮社

「続き物だと知らずに“その4”から読み、あまりによかったので、最初から読もうと思い、1〜3を読んだけれど、4だけ読むほうが私に合っていたかな」

③

『地球のレッスン』北山耕平
太田出版

娘さんが保育園に通っていた頃に購入。曰く「励ましの言葉が欲しかったのかも」と。さりげない、けれど考え抜かれた言葉が並ぶページから元気がもらえる。

④

『The Angel's Message』伊藤守
ディスカヴァー・トゥエンティワン

パッとめくったページに記された言葉が“今日のメッセージ”。励ましのようなものもあれば、そうでもないような淡々としたものもあり。義母からの贈り物。

⑤

『Cookie Count: A Tasty Pop-up』
Robert Sabuda

「初めは娘に見せたいと思って購入したけれど、もったいなくて見せられないわ〜、笑」。開くときも、閉じるときも壊れないように、そぉっと、ドキドキしながら。

⑥

『2010 D-BROS CALENDAR:ROSE』
Yoshie Watanabe

娘に購入した飛び出す絵本から、仕掛けシリーズにハマり、買ったもの。「ページをめくるたび、美しいバラが出てくるだけなんだけど、なのにうれしいの」

池水陽子（いけみず・ようこ）
スタイリスト。料理を中心としたスタイリングで、雑誌、単行本、広告など幅広く活躍する。ご主人と中学生の娘との三人暮らし。休みの日は、家族でキャンプに出かけることも多い。料理上手、縫い物上手、聞き上手。ワイン好きが高じてか、つまみ作りも上手。ゆるやかな性格とは裏腹に、好きなものに一心に情熱を注ぐ一面も。最近は星野源[23]に夢中らしく、ライブはもちろん著書も読みふけっているのだとか。

⑦

『こども哲学「自由って、なに？」』
オスカー・ブルニフィエ／著
西宮かおり／訳 朝日出版社

「娘に、と思ったけれど、自分でも楽しめた。哲学書は読めないけれど、子供用だから、これならわかりやすくて読めるのよ」

⑧

『ひとりひとりの味』平松洋子
イースト・プレス

娘に食べ物がいかに大切かという話をしようと思ったとき、難しいことを話すより、この本を読むのが一番、と池水さん。「うちの味」など、大人が読んでも十分楽しめる。簡単レシピも！

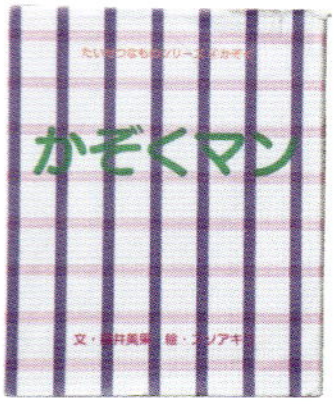

⑨

『かぞくマン』国井美果／文、
スソアキコ／絵 コクヨS&T

どこかに似たような人がいそうな、かぞくマンの顔を描いているのはスソアキコさん（P. 50〜）。何とも言えない表情の絵と、何とも言えないあったかい言葉が並ぶ。

⑩

『町田くんの世界』安藤ゆき
集英社

物静かでメガネの町田くんをめぐる、心温まる、気持ちがほわっとやわらかくなる漫画。池水さんは日々に疲れたとき、この漫画を読むと「明日も頑張るか」と、思えるんだそう。

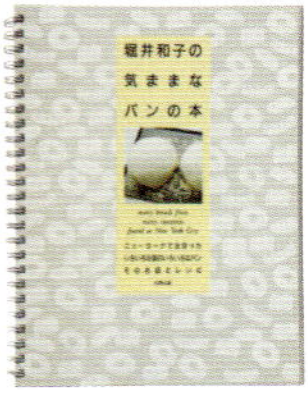

⑪

『堀井和子の気ままなパンの本』
堀井和子 白馬出版

1987年、マンハッタンのディーン＆デルーカについてなどが書かれた、ニューヨークで出会ったパンの本。「レシピはもちろん、堀井さんのお話が好きで、何度も読み返した」

⑫

『堀井和子の気ままな気ままなおかしの本』堀井和子 白馬出版

1989年、発売してすぐに購入した一冊。バナナのフライパンケーキやフライパンで作るバウムクーヘンは何度も作ったとか。今でもページをめくるとワクワクする本。

⑬

『お菓子屋さんでは買えないおやつ』
春山みどり 文化出版局

「一番好きなメニューは“メープルシロップのアイスクリーム”。生クリーム、きび砂糖、メープルシロップにダークラムってところが色っぽいレシピ。写真もいいよね」

⑭

『チャーミングなおやつ』
ハギワラトシコ ソニー・マガジンズ

「ただひたすらタイトルとハギワラさんが添えたちょっとした一言を読むのが好きな本。意表をついた料理タイトルもいいの。レシピというか、読み物だね、これは」

⑮

『B.L.T.―NEW BASIC FOODS』
上野万梨子＆SAZABY 柴田書店

「ヨットハーバーでわざわざ撮影するなど、ちょっとバブルな時代の雰囲気がしつつも、おしゃれにまとまっているもの。今でもこんなつくりのものが出たらいいなと思う」

⑱

『パリを食べよう』こぐれひでこ
東京書籍

「写真じゃなくてイラストってところにグッときたもの。このパリのレストラン日記はこぐれさんと旅しているかのように楽しい。今でも時々読み返すものなの」

⑰

『RICE LOVERS'COOK　お米の本』
レスパース／編　マガジンハウス

カバーになっているフランスのジアンの器に惹かれて購入したもの。堀井和子さん、ハギワラトシコさんなどがお米のレシピを披露した贅沢な一冊。撮影は長嶺輝明さん。

⑯

『ケンタロウのパパパ皿』
ケンタロウ　インフォレスト

「本当は料理本はこれ一冊でいいくらい」とイケが愛読するケンタロウさんのレシピ集。ハンバーグ、麻婆豆腐、豚汁など、永遠の定番レシピがずらりと並ぶ。

㉑

『世界の終りとハードボイルド・ワンダーランド』村上春樹　新潮社

「村上春樹好きではあるけれど、これは特別。もう何度読んだか数えきれないくらい読んでいる。発売直後にハードカバーで購入。重たいけれどこの感じがいい」

⑳

『まいにち食べたい"ごはんのような"クッキーとクラッカーの本』
なかしましほ　主婦と生活社

「あまりに何度も作りすぎてもはや自分流になってしまった"天板クッキー"。娘もこの本のレシピでお菓子を焼くのが好き」

⑲

『家庭でできる自然療法』
東城百合子　あなたと健康社

昭和53年発売で、池水さん所有のもので790刷という驚異的な長寿本。これも義理の母から免疫力アップのメモ付きで送られてきたもの。

㉓

『そして生活はつづく』星野源
文藝春秋

とにかく星野源が好き、という池水さん。大人になってこんなに何かに夢中になったのは久しぶりだとか。発売直後に買って一気に読み、その後も何度か読み返している。

㉒

『紙の箱と器』和田恭侑
文化出版局

池水さんがスタイリングをした、紙で作る箱や器の実用書。この美しさにハマり、本で紹介しているボウルを何度も作ったとか。眺めているだけでも楽しい一冊。

17

富山英輔

富山英輔

ライター・編集者

「連載読んだよ。僕の本棚も取材してよ」

先輩編集者である富山さんに取材の依頼をしたのは、そんな連絡をもらってから半年ほど経った頃だっただろうか。電話をすると、いつもと変わらず、静かな調子。けれど、少しだけウキウキとした明るさを秘めた声で「お！　忘れられてたのかと思ったよ。ありがとう」と、快諾してくれた。2年以上にわたるこの連載で、自ら「取材して」と言ってくれた人は初めてだったので、そんなふうに思ってもらえたことが何よりうれしかった。あらためて考えてみたら、一緒に雑誌を作ってきた時期もあったのに、互いの好きな本についてじっくり話したことがなかったことにも気付いた。一体どんな本が収まっているんだろうか。じわじわとワクワクしてきた。

富山英輔さん、ライター・編集者。大学卒業後、海関係の雑誌や書籍を中心に制作する出版社で勤務、フリーランスになった後、自らが代表を務める編集・制作プロダクション「ETクリエーション」を設立。1998年、湘南地区に暮らすさまざまな人たちのライフスタイルを紹介する雑誌『湘南スタイル magazine』（エイ出版社）の創刊とともに編集長に。現在まで、雑誌はもとより、そこで暮ら

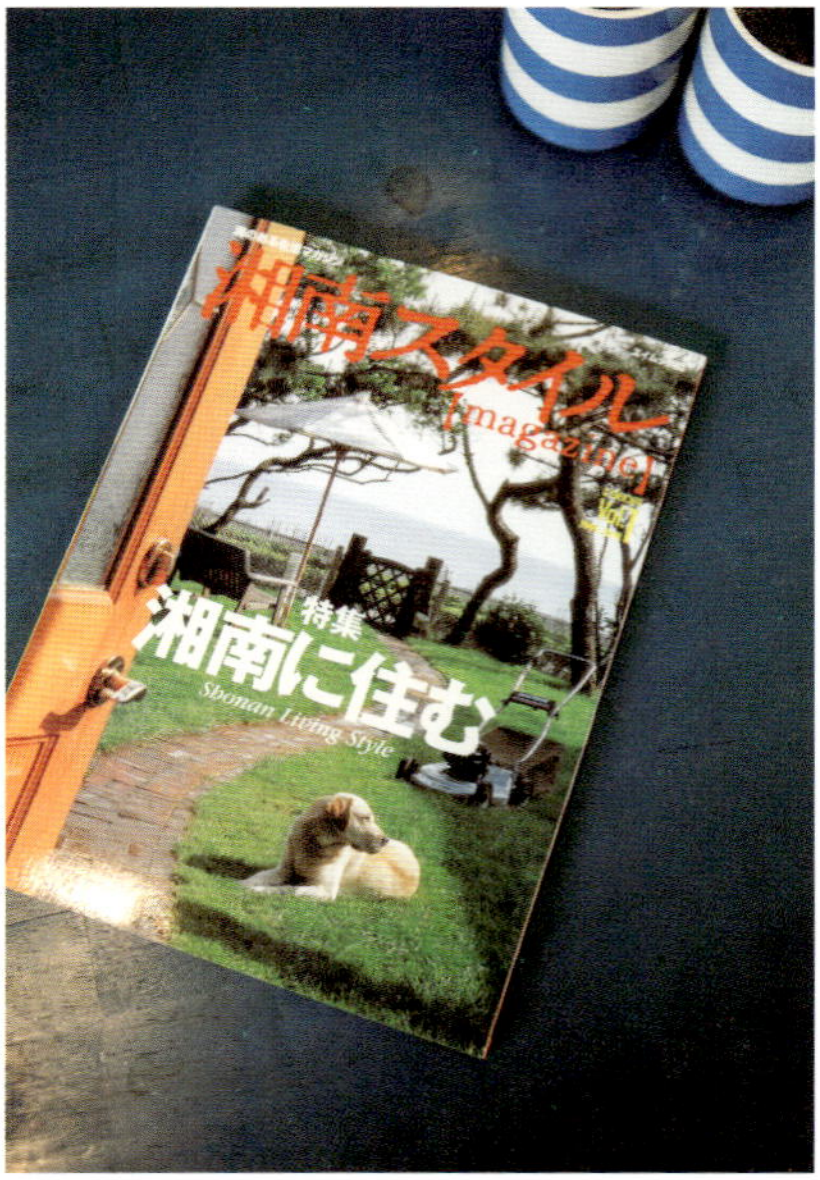

す人々のライフスタイルを牽引してきた一人だ。私が富山さんを先輩として親しむようになったのは、『湘南スタイル』をお手伝いさせてもらったことから。創刊からわりとすぐのことだった。当時私は、鎌倉の小町でカフェを営む友人たちと、鎌倉での何気ない日々をまとめた『Summer Store』という名のミニコミ誌を作っていた。そんななかでの『湘南スタイル』創刊は、個人的にセンセーショナルだったが、反面、これほど狭い地域にスポットを当てた雑誌が、成立するものだろうかとも思っていた。また、こちらが自主制作で地道に鎌倉での暮らしを表現しているのに対し、出版社が大きく打ち出す湘南の暮らしの余裕さに、ちょっと嫉妬してもいた。「私たちらしくやればいい！　こんな雑誌に負けるもんか」と、子犬がおっとりとした大きな犬に、小さくキックでもかますように、地味に心の内側で反撃していた。そんなこととはつゆ知らずの富山さんは、30代初めだった私に「一緒に雑誌作りをしないか」と、声をかけてくれたのだ。お付き合いはそこから始まった。雑誌のお手伝いは一年そこそこで自然と終わり、今はごくたまに顔を合わせる近所の先輩となっていた。

「本当に、俺の本棚でいいのかな?」自分から取材してよ、と言っていたくせに、前日に取材確認の電話をかけると、そんな応答が返って来て、笑ってしまった。こういうところ、昔から変わらない。ちょっと強気に出たようなことを言うけれど、とにかく人がいいのだ。

庭から直接出入りできる、裸足が似合う仕事場には、壁と一体化しているような大きなサイズの本棚が3つ。雑誌と単行本が隙間なくぎっしり詰め込まれた状態で置かれていた。他にはミーティング用の丸テーブルと、デスクのみ。自らが友人とともに創刊した雑誌『SURF MAGAZINE』の最新号が届いたばかりのようで、空いているスペースを埋め尽くすように、いくつかの山が積み上がっていた。この雑誌は単に、仲間うちで創刊したものではなく、自ら立ち上げた出版社の雑誌として創刊されたものだった。好きなことをやるには、自分たちの手でやるしかない。昔から熱くそう話していた富山さんの言葉を、本人と出来上がったばかりの雑誌を前にしながら思い出していた。

『湘南スタイル』、『SURFING WORLD』、『Safari』、『NALU』……。海にまつわるものや、男性が好きそうな雑誌がきっちり、美しく、背の高さに1ミリのズレもない状態で収められていた。『coyote』は〝ジェリー・ロペスの静かな暮らし〟の特集。一冊だけあった『relax』も〝夏が近いので海の近くに行きたい。そこでスティール・パン聴いたら気持ちよさそう〟というサブタイトルがつけられた号だった。単行本は、ハワイのもの、ビーチコーミング学、葉山在住だった美術作家の故 永井宏さんの著書やハワイアンシャツ、などなど。サーフィンが好きで、海にまつわる雑誌や本を編集しているのは知っていたけれど、まさかここまで海に関するものだけが並んでいる本棚とは。あまりの徹底ぶりにただ一言「すごいですね」としか言えなかった。

「僕らサーフィンをする人間は、波のいいときに波乗りに行きたいっていうのが基本で、そのために生活を築いていく。だから、サーフィンってスポーツなんだけど、自然とライフスタイルになっていくんだよね。『湘南スタイル』は、海やサーフィンにはフォーカスせず、海の近くでの暮らしを、等身大で見せていきたい、そんな思いで創刊した雑誌なんだよ」

創刊から19年。『湘南スタイル』の背がずらりと並んで本棚一段分を占めているのを、昔のアルバムでも見るかのように優しい目で追いながら、話が始まった。

「雑誌をこれだけ残しておくって、結構大変なことですよね。スペースとるし……。私は『Olive』と『mc Sister』を長いこと大事にとっていましたけど、思い切って手放しましたよ。でも、こういうの見ちゃうと、やっぱりとっておけばよかったなぁって、後悔しますね」

「こういうの⁉」と言う富山さんの手には、なんと創刊号の『Olive』があった。

「ゲゲゲ！　持ってるんですか、海のもの以外の雑誌までも！」と驚くと、「雑誌が好きなんだよね」と、照れくさそうな返事が返ってきた。

「気に入っている本も出してきたよ。二階の本棚から」

並べられた本は、どれも長年愛読してきたのがわかるクタクタぶりだった。ハードカバーは、イラストが描かれた部分がめくれ上がり、ボール紙のような中身が見えているものもあった。

「僕が海洋冒険小説にハマったきっかけは、小学五年生の夏、父が買ってきてくれたジュール・ベルヌの『十五少年漂流記』から。そのあとも、『ジェイスン荒海をいく』とか『海底二万マイル』、『無人島に生きる十六人』、『ハックルベリー＝フィンの冒険』、『アドベンチャーファミリー』とかね。海と冒険とロマンにハマっていったんだよね」

海への思いと冒険に胸躍らせていた小学生は中学生になり、ひいおじいちゃんが建てた茨城県の海沿いの家で夏休みを過ごし、本の中だけではないビーチライフを体験する。ちょうど、世の中的にサーフィンが流行り始めた頃。雑誌『Fine』は、単純にサーフィンのスポットや技法を特集するだけではなく、ビーチスタイルにふさわしいファッションやカルチャーも発信していた。

「時代もあったのかもしれないけれど、ビーチライフへの思いがどんどん強くなっていったんだ。大学生のときにサーフィン誌の編集部でアルバイトを始めて、そのままその出版社に就職して、バブルだったこともあってさ、クルーザーの雑誌も作っていたことがあったよ。そのとき、スロウな時間が流れている、おしゃれな海際のビーチ都市と、都会的なエッジがきいた場所という両極端な場所がセットになっていることに気付いたんだよ。パリとビアリッツとか、LAとマリブとかね。シャネルやエルメスのようなハイブランドにもONとOFFがあるじゃない⁉　東京と鎌倉もそう。カウンターカルチャーとして、湘南の存在って、すごく大きいんだよ」

富山さんの原点は、ここにあったのか。

海への想いは、幼少期からたたき込まれた、数々の海洋冒険物語からだったのだ。父親が買ってきた本を自然と手にし、読むうちにハマっていった、海と冒険の物語。それが知らずしらずのうちに、自らの暮らしも、仕事も形成する源となっていたのだ。

「すごいロマンですねー。小学校のとき、手にした本が、まさか人生のほとんどを左右することになるなんて。ステキすぎます。ちょっと見る目、変わりましたよー」

「なんだよ、それ。今までが悪すぎたんじゃないのー!?」

いやいや、今までも海を愛する兄さんだと思ってはいましたが、ここまで折り目正しい、筋金入りの海の男だったとは。

創刊した『SURF MAGAZINE』には、物心ついた頃から脈々と流れ続ける、海の男としての想いが込められていると同時に、雑誌を愛し、編集者として生き続ける先輩の想いもあることを知った。

「好きなとこだけ切り取ってファイルしておく方法もあると思うけど、できれば雑誌は丸ごと残しておきたいっていうのが僕の考え。丸ごとで存在してこそ、じゃない!? 雑誌は共感だし、生のバイブレーションなんだよ。自分たちがさんざん遊んできた結果というか、残り香みたいなもんだと思ってる。だから編集部に〝配属〟されて作るのには違和感がある。蛍光灯の下で数字見ながらマーケティングリサーチして作るもんじゃない。そう思いたいんだよね、あくまでも理想論だけど」

編集者として30年以上。いつも胸にあるのは、文藝春秋を創刊したときの菊池寛の「自分で、考えていることを、読者や編集者に気兼なしに、自由な心持で云ってみたい」という言葉。今回、その思いをそのまま実行したのが、自分たちの出版社を立ち上げることだったのだ。

「自分のために、自分がやりたいことをやるための究極は、自分の出版社を持つしかないなと。今、ようやくそのプラットホームに立てたわけ」

久しぶりに手にとった『湘南スタイル』創刊からの数冊を見返していたら、海辺暮らしに憧れ続けていたキュンと甘酸っぱい若き頃の自分を想い出した。紹介されている誰かの家も、いつかこんな家に住んでみたい、と思うものばかり。古いものと、海の香りを愛する私のツボにズシーンと、響くものだった。

読書のおとも

Yogi teaのPositive Energy とPerfect Energy。この2種が好みだそう。

　湘南というブランドを創り出してきた海の男は、19年続けた『湘南スタイル』の船を降り、次なる船での航海をスタートさせた。小学校高学年の夏休みに読んだ本がくれた、大いなる夢と自由。

「立派なビルもオフィスもいらない。プロフェッショナルな人が集まれば、なんとかなるかなと思ってる。あとは向かうべき島のイメージを持ち続けること。いくら星や潮の流れがあっても、自分のビジョンや思いを忘れちゃったらたどりつけない。“bon voyage”とか“good luck”とか、いい言葉だよね」

　なんなんだろう、この格好良さ。いつだって、究極に男っぽい人なのだ。

　サーフィンをするのは、楽しいという単純な理由もあるけれど、自然のエネルギーと一体化する瞬間、海というか地球の波動を感じながら集中する時間のためでもあると、富山さん。自然そのものにフィットする行為は、何が必要で、何がいらないのかをクリアにしてくれるのだそうだ。

「エネルギーは奪い合っちゃいけない。創り出さなきゃ。人と人とが知り合い、愛し合うことで、生まれるエネルギーもそのひとつだよね。海の中での波動を陸にも活かしたいんだ。舫《もやい》を切って沖に出ちゃったからね、できる限りをやり切りたいなと思う。できれば少しでもみんなにワクワクして欲しいし、自分が作った本を手にした人がよりよいLIFEになったらいいなと祈ってる」

　仕事部屋の本棚には、自らの足跡が、そして二階のプライベートな本棚には、夢と自由を育んできた原点となる物語が詰め込まれていた。どちらにも、男のロマンがプンプンしている感じ。あぁ、なんか男ってうらやましい。次は男に生まれてきたいなぁ。

富山英輔（とみやま・えいすけ）

『SURF MAGAZINE』プロデューサー。『湘南スタイル magazine』では創刊以来19年にわたって編集長を務めた。数々の雑誌の編集長を務め、さまざまなジャンルで執筆活動を続けてきた様は、波乗りを主軸に生きる先輩ならではの軽やかさ。海洋冒険小説好きなシャイガイは、10月に、湘南のカルチャー&ライフスタイル・マガジン『SHONAN TIME』を創刊予定だそう。湘南にまた新たな風が吹くと思うと、今から楽しみでならない。

①

『十五少年漂流記』
『ジェイスン荒海をいく』
『海底二万マイル』
『無人島に生きる十六人』
『ハックルベリー＝フィンの冒険』上・下
『アドベンチャーファミリー』
『続アドベンチャーファミリー 白銀を越えて』
『冒険者たち ガンバと十五ひきの仲間』
『グリックの冒険』
『コンチキ号漂流記』
『コン・ティキ号漂流記』
『海に育つ』
『荒野の呼び声』
『ビーグル号航海記』
『悲劇の南極探検』
『ダブ号の冒険』

始まりは小学五年生のとき、父親からプレゼントしてもらった『十五少年漂流記』から。以来、富山さんは海と冒険の物語にはまり、夢中になって読んできた。これはその一部。大人になり、自らを振り返ったとき、こんなにも人生に影響することになろうとは、思っていたのだろうか!?

④

『波乗りの島』片岡義男
角川書店

中学生のときに手にして以来、バイブルのような存在となった片岡義男さんの本。なかでもこれが一番のお気に入りだとか。富山さんにぴったりのタイトル!!

③

『NORTH SHORE 1970-1980』
佐藤秀明 Bueno! Books

70年代から80年代にかけて、数々の雑誌で海やサーフィンの写真を撮り続けてきた著者の、ハワイ・ノースショアの写真集。

②

『Diary』
Peter Beard

冒険家で作家、アーティストでもある著者の、コーラージュ日記集。写真とともに散りばめられているのは、イラスト、落ち葉、蛇の抜け殻など。

18

高山なおみ

料理家・文筆家・絵本作家

高山なおみ

「これからは絵本が増えるだろうから、本棚をなるべくスカスカにしておこうと思ったの」

かつてはぎっしりと詰まっていた本棚の、ぽかんと空いた隙間を呆然と見つめる私に、高山さんはぽそりと言った。

料理家の高山なおみさんが、長く暮らしていた吉祥寺を離れ、神戸に移り住んでからまもなく1年が経とうとしていた。

「ばななさん（よしもとばななさん）の本もすごく迷って。でも全集があるからいいかなと思って。あまりに好きすぎて何度も読んで、すっかり体に入ってしまっているから、そういうものは処分したのかも。それでもいつかまた読みたいと思うときが来るかもしれないものを手元に残したかな」

何度も手にしては、離してみたり、また手に取って段ボールに詰めたり、戻したりしていたのだろうか。考え抜き、選抜された本が並ぶ、高山さんの新しい住処の、吉祥寺のときと同じ本棚。外見は同じでも、本が収まっている具合が違うと、こうも違うもののように見えるものなのか。それなりに覚悟をして来たつもりでいたけれど、実際に目の前にしてみると、パチクリと瞬きするのがやっとだった。

そして、何から口にしようかと考えては、やっぱり……、とためらい、幾度も唾を飲み込む自分がいた。覚悟というのは、知らない高山さんを見ること。知っているといってもすべてを知っていたわけではもちろんないし、仕事の時間を共有していたくらいだったんだけれど。

　高山さんとは15年以上にわたり、雑誌や単行本で主に料理のお仕事をさせてもらってきた。家が近かったこともあり、仕事終わりにはそのまま撮影したおかずを肴に飲むこともあったし、仕事の相談があると、夜中でも自転車を飛ばして家にお邪魔しては深夜まで話し込んだ。血の滲むような、と言うと大げさに聞こえるかもしれないが、とことんやるとはどういうことなのかを身をもって経験させてもらった人だ。例えば、昨日まではこんなふうに考えていたけれど、ずーっと考え抜いた末、ひと晩寝ながらも考えていたら、翌朝には真逆の考えになることもある。そういうときはすぐに連絡があり、どうしてそう思ったかを、まるで高山さんの頭の中を見せてもらっているかのような手書きの文字や絵を見ながら説明を受ける。頭の中のイラストは、思い立ったことをそのまま描いているからか、四角い紙の中だけでは収まりきらず、大きな封筒を切り開いて、そこにまた別の紙を継ぎ足ししていたりするので、いつも不思議な形に広がっていた。その絵を指差しながら、頭の

中をパカッと開いて見せるように、ゆっくり言葉を選びながら、探しながら高山さんは話す。そんなことを繰り返し、繰り返し続け、レシピや言葉をざるで何度も漉しては生まれた料理本が、何冊もある。

時には「これ、作ってみたけれど、どう?」と打ち合わせ前におもむろに料理が出されるときもあったし、打ち合わせに行くと、「何か食べてきた?」と、あの美人顔で私の顔を覗き込むように訊いてくれたりもした。「まだ何も」と応えると、くしゃっと笑い「よかった」と言って、何かしらおいしいものが出てきた。高山さんとの思い出は、話せば尽きることがない。お互いに納得するまで話し合う時間は、長く、深く、頭がこんがらがってきて、もう放り出したいと思うときも正直あった。けれども高山さんの笑顔を見るたび、料理を口にするたび、すべては吹き飛んだ。私はいつもそうやって高山さんの背中を追いかけてきたのだ。

高山さんが神戸に引っ越すと知り、私は途方に暮れた。自分だって鎌倉に引っ越して、吉祥寺からはずいぶんと遠くなってしまったくせに、勝手な話だ。でも、どうしようもなく悲しくて、永遠の別れでもなんでもないのに、どう

したらいいのかわからなくなり、うろたえた。そして、心配かけないよう、なるべくその様子を悟られないよう「そうですか。神戸、いいところですよね！」と、平然を装った。でも、内心はざわざわしていた。知らないところに行ってしまうということが、ただただ悲しくて、引っ越し自体も見ないように、聞こえないようにしていた。大好きな担任の先生が遠くに赴任してしまうような、そんな気分と言ったらわかってもらえるだろうか。

　引っ越ししてから半年ほどして、高山さんから「遊びにおいでよ」と声をかけていただき、恐る恐る出かけたのが最初の一歩。そのあと、仕事仲間と再び顔を見に行き、今回の取材が3回目の訪問となった。

　エプロンをかけながら「うーん、これかな」と言い、本棚から数冊の本を選ぶ高山さん。「本はさ、紙も好きだし、形も好きなんだよ」と、自分に言い聞かせるように、ささやくように、誰に話すともなしに話し続ける。すると、急に「ナスとジャガイモのグラタン、どうでしょう⁉」と、振り返り、クシャッとした笑顔でこちらに問いかけてきた。なんと、お昼を作ってくれるとのこと。ヤッタ――――！　久しぶりの高山さんの料理。胃袋がデレデレしているのがわかる。口からは唾がジュワーッと湧き出した。

　吉祥寺の頃から台所のシンクの横にある木のスツールは、以前は、台所の奥にあって、座面には圧力鍋が、下には使用済みふきんが洗濯待ちの状態でボウルにまとめて入れてあった。今は何も置いてない。私はそこにお尻をひょいとのせ、高山さんが料理する様子を見ながら、メモをし始めた。高山さんが「これは冷凍しておいたベーコンのかたまり。シュウマイを作ったときの残りのひき肉も入っているの」と話しながら作るので、ついそれをメモした。いつもの、料理本を作っているときの癖だ。

「ジャガイモ7個は、メークインと普通の丸いの」

人差し指でジャガイモの芽をほじりながら作り方を話す高山さん。ジャガイモを扱うときのいつもの感じだ。

「器もね、1／3くらいに減らしました。一人暮らしになってから、自分に没頭できるようになったかな」

高山さんはこちらを見ることなく、料理をしながら話し続けた。古いラジカセからは女性シャンソン歌手が歌う、乾いた歌声が流れている。台所に立つ高山さんと、鍋から漂ってくる部屋中を包み込むいい匂い。マンションの部屋は急に、どこか異国の食堂へとワープした。

「ナスとジャガイモのグラタン」の作り方

＝前日にしておくこと＝

まずは牛すじ100gを水からゆで、ゆでこぼす。さらに1時間ほど、水からゆでる。

別の厚手の鍋にオリーブオイルを熱し、ニンニクと玉ねぎのみじん切りを炒める。いい香りがしてきたらベーコンのかたまりを細かく切って加え、炒める。次にシュウマイを作ったときに残って冷凍しておいたひき肉も加えて、そのつど炒め合わせる。刻んだ砂肝も加え、同様に炒め合わせる。肉類は、冷凍庫を覗いて、少しずつ余っていたものを入れればよし。

肉類を炒めた鍋に、牛すじをゆで汁ごと、トマト缶1個とトマトペースト大さじ1、トマトケチャップ大さじ1、塩と醤油もちょっとずつ加えてじっくりミートソースを煮込む。

＝当日＝

ナスは縦4等分くらいに切って水にさらす。水気を拭き取り、小麦粉をまぶして油をひいたフライパンで両面焼き目がつくまで焼く。焼けた順に耐熱の器に並べ入れる。ジャガイモは丸ごと蒸して皮をむき、輪切りにする。

ナスを焼いたフライパンにバターを入れ、小麦粉を加えてヘラで混ぜていく。バターと粉が合わさったら牛乳を加えて、ナツメグをふって泡立て器でよく混ぜる。

「グラタンって残り物料理の最高峰って気がするの」と言いながら、カロリーなんてまったく気にしない様子でバタ

ーを惜しみなく、ドカンと放り込む。ぐるぐる混ぜるヘラの先にまとわりついていた小麦粉とバターのかたまりがゆっくりとほぐれていき、やがてそれはとろりとしたホワイトソースになった。

昨日から煮込んでおいたいろいろな肉類の入ったミートソースを「少し温めてから入れようね」と言い、大きなスプーンで軽く混ぜてからガバッとすくって味見する。変わらない、大胆な味見のスタイル。ほんの少しではなく、ある程度の量をちゃんと口にして確認するのが味見だと知ったのは、高山さんの所作からだった。

ナスの上からミートソース半量を敷き詰め、さらにホワイトソース半量をのせて、輪切りにしたジャガイモを並べ入れる。そこにホワイトソースを、ふたをするようにのせ、残りのミートソースを敷き詰め、溶けるチーズをのせる。オーブンでチーズが溶け、おいしそうな焼き色がつくまで焼いたら、出来上がり。トロトロに溶けたチーズがクツクツと音をたて、オーブンから出てきた。器を持ちながら、得意げな表情で「おいしいよ〜。タバスコをかけてもいいんだよね」と、ニンマリ笑う高山さん。チーズの香りをまとった湯気がふわふわと立ち上り、こんがり焼き目がついた表面がお目見えしたときには、思わずゴクリと唾を飲み込んだ。

そういえば、部屋に入ったとき、大きな窓から降り注ぐ真っ白な光がむせかえるほど部屋中に溢れかえり、机も本棚も、すべてが霞んで見えるくらい、部屋は光に包まれていた。それで初めは本棚も、高山さんの顔も、ほとんど見えなかったけれど、匂いだけは懐かしくて、なぜだかホッとしたことを思い出した。それは最初にこの部屋を訪れたときも同じだった。物が持っている匂いというのだろうか。知っている匂い。そういえば、高山さんと夜中の吉祥寺を散歩したときにも、夜の匂いや、公園の草木が放つ匂い、人のカバンの匂いとか、誰かの家のお風呂場の小窓から香る石鹸の匂いとかの話を、酔っ払いながらしたことがあった。鍋から広がるいい匂いを前にして、過ぎた日々が断片的に戻ってくる。匂いって不思議だ。なんでも匂いを嗅いで食べてみていた子供時代。まずは鼻とベロで確かめる、おしゃべりが苦手だった高山さんの、今も変わらない癖を期せずして再確認した。

床にラグを敷き、その上にまだ表面がグツグツしている焼きたてのグラタンとサラダ、白ワイン、取り皿が並べら

でこぽん
5kg
でこぽん
5kg

れた。
「いただきます」をする前に、「本を読むときって何か飲んだり、食べたりしますか?」と訊くと、少し考えてから、「朝ごはんのときにティーポットで紅茶を淹れて、それが残ったら牛乳を加えてミルクティーにしてますよ。だから昼に本を読むときはミルクティーが多いかな。夜寝るときにも本を読むんだけど、そのときはお湯にはちみつを少したらしてる。前と違うのは声を出して読むようになったこと。だいたい夕飯を6時半には食べて、お風呂に入って、8時半から9時にはベッドに入って本を読み始めることが多いかな。でも、10時に近づく頃には寝なくちゃ、と思って、寝ちゃいます。声を出して本を読むのは、気持ちがいいから。目で追ってみて、わからないときは声に出して読むと意味がわかるような気がする」

　武田百合子さんの本の読書会をしたとき、朗読の声は、歌よりも体に近い声なのだとわかった、と高山さん。吃音があった子供の頃のように、声に出して読むとやっぱり突っかかってしまうけれど、友人がそれを聞いて、突っかかるくらいのほうがよく聞き取れていいと言ってくれたの、と安堵した顔で話してくれた。

　それにしても夜の飲み物が〝お湯にはちみつ〟とは!

かつての高山さんは、布団の中で本を読みながら、お腹が空いたら鍋ごとインスタントラーメンを食べている印象だった。それが、この変わりようだ。なんだか高山さんが、スーッと静かな音をたてながら、そぉっと脱皮し、光を浴びてはまた変化し続ける、美しく不思議な生き物のように思えてきた。話を聞きながら、何気なく空を見る横顔や、本を手にする指先を凝視した。どこがどう違うのか!? よくわからなかったけれど、今この瞬間を少しも逃さず、所作や表情を見ておきたかったのだ。

「突っかかっても、大丈夫。今は、体と言葉が一緒になったんだと思う。物語を書くようになって、声を出して読むようになったの、自分の文章も。言葉の流れって、ちょっと音楽みたいなところがあるかもね」

　本棚には1段目に自分の本、2、3段目に料理の本、4段目に絵本と物語、一番下の段には画集と写真集が収められていた。料理の本は、あんなにたくさんあったのに、これだけ!? と拍子抜けするくらい整理されていた。そんななかから高山さんが手にしたのは、柴田書店の『スパイスの本』[1]と『チーズの本』[1]。

「吉祥寺にあったレストラン、『クウクウ』でシェフをし

ていたとき、お客さんでいらしていた児童文学作家の神沢利子さんにいただいたものなの。ご主人が亡くなられたとき、料理の本がたくさんあるからもらって、と言ってくださって。そのときにいただいた二冊。チーズの本は、チーズが崖みたいにそびえ立ってて、その上で羊とか山羊が歩いてそうでしょ⁉　ハンバーガーの写真は、まずそうで、そこがおいしそうだし（笑）。私がこれから作る料理って、こういう感じかなぁと思って。それでこの二冊を持ってきたの」

「誰もが料理を作りたくなってしまう本」と言って、高橋みどりさんの『酒のさかな』[2]も本棚から出してきた。みどりさんが船田キミヱさんに教わる料理を、牧野伊三夫さんが絵にする。みどりさんのレシピを読むだけでゴクリと唾を飲み込んでしまうような、頭の中だけで料理が出来上がってしまうおいしさが詰まった本は、２０１０年に発売されたもので、高山さんは夏に、炒りそら豆を真似してよく作っていると教えてくれた。

名作『ふたりはいっしょ』の作者、アーノルド・ローベルによるフクロウの本『ふくろうくん』[3]は、幼い頃、幼稚園で先生が読んでくれたという一冊。それをおもむろに高山さんが声を出して、読み始めた。黙って聞いていると、途中で笑い出したので、照れているのかと思って「ちゃんと聞いてますよ」と言うと、「違うの、このお話がおもしろくて」と。自由だなぁ、どこまでも。私に読んでくれているのではなく、一文字一文字確かめるように、読みながら自分のお腹に入れていくように読んでいる。

「ふくろうくんは、私の一人暮らしの先生のよう。好きなときにお茶を飲んだり、眠たいときに寝る、っていうように好きなことをしていて、一見自由だけれど、切なさもあってね。でもちゃんと一人の時間を楽しんでいる。この話も好きだし、この話もいいんだよ。あ、これも、これも好き」

んー、ということは、全部ですね、高山さん。すべての話を指差しながら、どこが好きなのかを説明する無邪気な高山さんの表情は、今までに見たことのない横顔だった。

本当は、ずっとこんな顔だったのかもしれない。

20代の頃に買って、ずっと読んでいなかった『尾崎翠全集』は、「第七官界彷徨」が好きで、その先の章はあまりに繊細な気がして読めなかった。吉祥寺の本棚にも置いてあったけれど、当時は必要がなかったからか、気に留めもしなかったという。引っ越しを機に、今なら読めるような気がして読み始めているのだそうだ。

「生きている人も、死んでしまった人も境がない、つまり生まれる前の世界と死の世界が一緒っていうのは私も同じ考え。有山さん（デザイナーの有山達也さん）の造本が紙の質感といい、サイズといい、そんな思いとしっくりくるんです」というのは、高山さんの著作『はなべろ読書記』でも紹介されていた絵本『わたしのおじさん』[4]。短く凝縮された言葉から、優しさと凄みが同時に迫ってくる。生きること、死ぬことが丸ごと収められた一冊だ。

高山さんが吉祥寺の諸国空想レストラン「クウクウ」でシェフをしていたとき、自分の肉を切って料理し、それをお客さんに差し出したいと思っていたくらい、料理にのめり込んでいた時期に繰り返し読んでいたのが、木葉井悦子さんの『カボチャありがとう』[5]。同じく木葉井さんの『わたしも』[6]は、自分が好きなもの、そのものになりたいとい

うお話だ。あらゆる事柄や、ものに憑依しては、自分の中に収めていき、それもまた高山なおみという人に肉付けされ、形成していく高山さんの動物的な習慣というか習性は、この本の内容と重なった。偶然にも「クウクウ」のお客さんだったという絵本作家の木葉井さん。そういう出会いを逃さず、ガシッと引き寄せ、自分の中に収めていく。まるでむしゃむしゃとその人自体を食べるかのように。自分にとって何が必要かがわかっているのだ、感覚的に。人は誰しも、生まれながらにして動物的感覚を持ち合わせている。例えば、右と左、どっちに行く⁉　となったとき、その昔は誰でも、ちゃんと自分にとっていい方向を見出せていたのだそうだ。情報社会が発達し、いつしか自分で選ばなくても、選んでくれるツールが溢れ、検索すれば、正しい方向を示してくれるようになった。けれどもそれは、そのときだけの正しさであり、未来へと自分の道を繋げる正しさかというと、定かではない。ほとんどの人が眠らせてしまっている、もともと持っている力を、高山さんは今もピンと触覚を立て、バリバリに活用させている。動物的感覚というと簡単に聞こえるようだけど、なかなか使いきれてない人が多い現代に、古来から備わっているこの力を、自然と、知らずしらずのうちに使いこなしているのだ。

黙って高山さんが差し出した木葉井さんの本をめくる。書きなぐったようでいて、人の手の温もりや汗が感じられる絵は、勢いといい、色の付け方といい、どこかで知っているもののように思った。何度もページをめくっては、行きつ戻りつしているうちにわかった。この感覚は、この勢いは、高山さんの絵本の絵を描いている、中野真典さんの絵への印象と同じだった。パッと見は違うけれど、似ていると思うのは、筆の勢いのためだろうか。高山さんがこの絵を描く人と絵本を作りたいと思った理由が、わかった。好きでたまらなかった絵本作家の絵に、近いベクトルを持

高山さんの自伝的三部作となった絵本。

った絵に出会ってしまったんだ。しかも、自分が外に出したい、伝えたいという思いがムクムクと、どうしようもなく疼《うず》いている時期に。

「吃りは自分にとって一生ついてくるもので、私のはじまりの大切なこと。ずっと放っておいたんだけど、そうもいかなくなってきたの。料理を作ることも近いことだったけれど、料理だけではそれを出し切れなくなっていたんだよ」

著書『どもるどだっく』のきっかけを話し始めた。自分と向き合い、出していく作業。そうしないと苦しくなってくるのだろう。4歳の頃の『どもるどだっく』、6歳の頃の『たべたあい』、小学二年生くらいのことをなぞった『ほんとだもん』は、高山さんの自伝的三部作だ。

「昔から、保母さんだった母が読み聞かせをしてくれていたから、思えば絵本はすごく身近な存在だった。仕事場の『クウクウ』の上が『トムズボックス』（絵本専門の書店）だったから、絵本作家さんや絵本関係の編集者さんもたくさん『クウクウ』に来てくださっていて。その頃出会った人たちと今、再会して仕事をしているの。みんな全然変わってない。私だけがぐるーっと回って、ようやくここにたどり着いた感じ。ずっと自分はすっからかんになっているって、わかっていた。それでも料理を作り続けようと思ったことで、繰り返しやってきたことや、今までのことをまとめようと考えた時期もあった。今になってわかるのは、もうその頃からすでにここ（神戸）に引っ張られていたんだってこと。目に見えなくても、存在しているものを信じていた、小さい頃のことが蘇ってきたんだと思う」

向き合わなければならないことをわかってはいたけれど、わからないふりをして通り過ぎるのを待つこともできたかもしれない。ほとんどの人はそうやって、やりすごしているんじゃないだろうか。そういう私も含めて。でも、高山

高山なおみ

Naomi Takayama

さんは真っ向から向き合って爆発した。抑え切れない自分自身との対話、向き合うことで見えた次の扉。気付きをどうするかで人生は大きく揺れ動くのだ。その揺さぶりをもたらすのは、ほんの些細なことかもしれない。それに気付くか気付かないかで、道はまた変わる。もしかしたら自分自身で揺さぶることだってあるかもしれない。高山さんは、そういうことすべてひっくるめて、むき出しで自分と向き合った。そして、もっともっと感じて生きていきたいってことに気付いてしまったのだ。

「今、見立てをいろいろ集めてるの。これはインディアン、これはウサギ。これはカタツムリ」と言って、小枝の上にカタツムリのように、殻をのせてくれた。

枯葉や花びら、小枝、石ころが目を凝らしていくと、どんどんいろいろなものへと変貌して見えた。小箱がフレームのようにも見える。小さなものを集め、花を飾り、人に会いたくないときはミルクティーを飲みながらベッドの中で本を読む。見立ての説明を聞きながら、おしゃべりが苦手だった幼い頃の高山さんがひょっこり姿を現し、話しかけてきたような錯覚に陥り、目頭が熱くなった。

高山さんにこの取材依頼をするのは勇気がいった。開けなくてもいい、いろんな扉を開けてしまいそうで、それがとにかく怖かったのだ。高山さんの無垢な表情を見ながら、人が子供にかえっていく時期があるという話をふと思い出す。

「急に絵本にいったわけじゃなくて、じわじわ来ていたんだと思う。気付いたらすぐそばまで来ていて、自分で決めなくちゃならない時が来てたんだよ」

そう話しながら、これとこれも、いつか赤澤さんに読んでほしい、と『陸にあがった人魚のはなし』[10]や『マルコヴァルドさんの四季』[11]を手にしながら、話は続いた。

だんだんと、高山さんの声が薄い膜を通したかのように、遠く、くぐもった音になって聞こえてきた。遠いところに行ってしまった高山さんの本棚から出てきた本は、以前にも見ていたはずのものばかりだったのに、当時はまったく見えていなかったものだった。なぜだろう。あったはずなのに、見えなかったもの。そういう時期って、何ごとにでもあるのだろうか⁉

いつか、高山さんが私に読んでほしいと言っていた二冊を読む日は来るだろうか。今は読みたいけれど、怖くてまだ読めない。高山さんは「貸そうか？」とは言わず、「いつか本屋で探してみて」と言っていた。今までは、どうしても読んでほしいものがあるときは、必ず私に持ち帰らせていたけれど、そうしなかったということは、「自分で読もうと思ったら、読んでみて」ということなのだろう。

外はすっかり夕暮れ。何時間話し込んでいただろうか。お昼過ぎにいただいたグラタンの器に残った欠片《かけら》が、すっかりカピカピに乾いていた。催眠術をかけられていたかのような、白昼夢を見ていたかのような、ふわふわとした光に包まれた神戸での春の日。会いたい人に会って、話して、食べて、飲んで。時々泣いて、笑った。一日の映像が早回しになって、まだ頭の中をぐるぐると回転している。今日

読書のおとも

おいしいはちみつ少しを、お湯で溶いた薄い味の飲み物。

あったことは現実だったのか、否か。すべてを消化するまでにはまだ相当の時間が必要だ。

高山なおみ（たかやま・なおみ）
料理家、文筆家、絵本作家。東京・吉祥寺にあったレストラン「クウクウ」のシェフを経て、料理家になる。２０１６年、長らく暮らした吉祥寺を離れ、神戸へと移り住む。近著に『帰ってきた日々ごはん①〜③』（アノニマ・スタジオ）、『料理＝高山なおみ』（リトル・モア）、『実用の料理　ごはん』（京阪神エルマガジン社）、『ココアどこ　わたしはゴマだれ』（夫・スイセイさんとの共著／河出書房新社）など多数。画家・中野真典さんとの共作絵本は、『どもるどだっく』（ブロンズ新社）、『たべたあい』（リトル・モア）、『ほんとだもん』（BL出版）につづき、四冊目の『くんじくんのぞう（仮）』（あかね書房）が制作進行中。

☛本棚から

①

『スパイスの本』
フレデリック・ローゼンガーテンJr.／著
斎藤浩／訳　柴田書店
『チーズの本』
クリスチァン・プリュム／著
松木脩司／訳　柴田書店

引っ越しをする際、持って来ることにした数少ない料理本のうちの二冊。「大きくそびえ立ったチーズは崖のようだし、ハンバーガーにサンドされたチーズはまずそうなんだけど、おいしそう」と、高山さん。柴田書店らしい、写真もレシピもしっかり骨太なつくりの二冊。

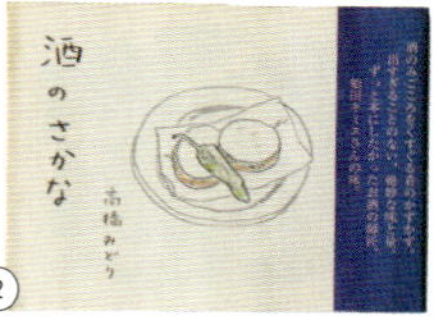

②

『酒のさかな』高橋みどり
メディア・ファクトリー

高山さんの仕事仲間でもある、スタイリストの高橋みどりさんの著書。その名の通り、酒がすすむ料理が並ぶ。高山さんのお気に入りメニューは、炒りそら豆だそう。

③

『ふくろうくん』アーノルド・ローベル
三木卓／訳　文化出版局

カエルのシリーズでおなじみのアーノルド・ローベルの絵本。一人暮らしのふくろうの、何気なく微笑ましい日々が綴られたこちらは、一人暮らし一年生の高山さんのお手本でもある。

④

『わたしのおじさん』湯本香樹実／著、植田真／画　偕成社

亡くなったおじさんと、生まれる前の自分があの世で出会う、切なくも胸があたたかくなる話。静かに進む文章と、薄く色づけされた絵が、優しい。

⑤

『カボチャありがとう』木葉井悦子
架空社

吉祥寺にあった諸国空想料理"クウクウ"で働いていた頃、お客さんだった著者の本。自分の肉を切って料理したいと思うほど、料理にのめり込んでいた時期、何度も繰り返し読んだ。

6

『わたしも こどものとも年少版
1991年3月号』木葉井悦子
福音館書店

好きなもの、そのものになりたい主人公が、カメレオンになったり、鳥が巣作りするのを真似たり。高山さんの憑依はここから始まったのかも!?

7

『はせがわくんきらいや』
長谷川集平 すばる書房

体の弱いはせがわくんを、嫌いと言いながらも、気にかけ、一人の人として向き合う同い年の友人の物語。高校生の頃、高山さんがよく読んでいた絵本。

8

『ゴールディーのお人形』
M.B.ゴフスタイン／著
末盛千枝子／訳 すえもりブックス

「自分が大切、と思うことに自信を持っていくことがどんなに大事かを教えてくれる絵本。ゴフスタインはいつも言葉がいいんだよね」

9

『トムテ』ヴィクトール・リードベリ／作
ハラルド・ウィーベリ／画
山内清子／訳 偕成社

「おやすみなさいっていう感じの本。いつかこんな優しく、やわらかな音を奏でるような文が書けたらと思って」。静かな永遠を感じられる。

10

『陸にあがった人魚のはなし』ランダル・ジャレル／作、モーリス・センダック／画、出口保夫／訳 評論社

「好きな本の中でも特に好きなもの。挿絵の中に一度も人魚が出てこないから、本当はアシカかも!? とか想像しながら読むのがいいの」

11

『マルコヴァルドさんの四季』イタロ・カルヴィーノ／作、セルジオ・トーファノ／画、関口英子／訳 岩波書店

つつましくも幸せな暮らしを綴った、静かな話。きのこのフライ、とうもろこし粉のポレンタ、でっかいソーセージなど食べものの話もいい。

12

『大きな鳥にさらわれないよう』
川上弘美 講談社

「いつの時代のことなのかも、どこの国のことなのかもわからない感じ。食べ物のこともたくさん出てくる。『パレード』もいいけど、これも好きな一冊」

AFFICHES
ORIGINALES
à partir
Alexander Calder
INDIA
NEPAL
ANSEL ADAMS
Irving Penn
Hockney Paints the Stage

若山嘉代子

エディトリアルデザイナー

若山嘉代子

Kayoko Wakayama

そもそも私の中で、若山さんといえば、異国の香りを運んでくるイメージの人だった。それがご自宅にお邪魔した途端、目に入ってきたのが三味線だったから驚いてしまったのだ。

「今、和物にハマっているのよ。お茶も相変わらず続けていて、小さい風炉と釜も買ったの。寝室もベッドをやめて畳にしたし。三味線はね、カルチャーセンターで始めたんだけど、これがおもしろくて。自分でもまさかこんなにハマると思ってなかった。前に寝室にしていた小部屋を、今はクローゼットと本の置き場にして、そこに和物の本を置いてあるの。歌舞伎を観に行った時のパンフレットや淡交社の『なごみ』なんかも。白洲正子さんの本もあるかな。能も行きたいなぁと思っているんだけど、なかなかね。歳をとったらいつか始めようと思っていることがいろいろとあって、資料だけはずいぶんと集めていたけれど、気付いたら、もういい加減に歳だったのよね（笑）」

ずいぶんと久しぶりにお会いしたこともあって、まずは、近況報告から話が始まった。

同級生と、エディトリアルデザインの事務所を構えて35年以上。私が憧れ、手にしてきた数々の料理レシピ本やインテリア、暮らしまわりの本をデザインし、世に送り出してきた先駆者の一人である若山嘉代子さん。まだ見ぬ海外の暮らしや、ドメスティックではない料理というカテゴリーを見出し、紡いできた本は数え切れない。それらを貪るように読み、眺めることで、私は暮らしを慈しみ、楽しむということを覚えた。一人暮らしに憧れ、好みの食器でごはんを食べたり、小さな部屋に花を飾ったり、休みの日にベランダでビールを飲んだりする自由を求めていた頃のことだ。そんな人の本棚とは、一体どんななのだろう。事務所の本棚は何度も目にしていたけれど、家の本棚となると、まったく勝手が違うはず。妄想と想像と期待が膨らみすぎ

てパンパンになった頭をふらふらさせながら、お宅へと向かった。

小雨降る早春の東京は、肌寒く、厚手のコートでも十分なくらいの気温だったが、若山さんに会うのに野暮ったい格好では恥ずかしい。春らしく、派手すぎず、私なりに上品な装いでうかがおう。前日から、上品という言葉が似つかわしくないワードローブを前に、あぁでもない、こうでもないと、今日の日の格好を悩んだ。が、それよりも、若山さんが生み出してきた本を、自分の棚から引っ張り出すべきだったと、電車の中で後悔した。

おそらく私よりうんと年上である若山さんだけれど、いつも少女のような装いで、柔らかな笑みを絶やさない女性。しかも、おしゃれ。幾つになってもこうありたい、と誰もが思う見本のような人なのだ。それでいて車でアメリカを一人旅する、なんてことが大好きだったりする。上品で美しい見た目と、チャーミングな内面を持つ女性だ。そんな若山さんのひとつ目の本棚は、元寝室だったという小部屋に和物を中心にまとめられていた。もうひとつは図書室と自ら呼んでいる、大きな窓の前に置かれた、ソファーの後ろの壁面。いただいた本や気に入りの本の背がよく見えるように、20冊ほどの本がお行儀よく並べられていた。

「そろそろ引退して、早くここ（図書室）で、ぼーっとしたいの。最近ロールスクリーンをカーテンに替えたら、読書室っぽさが増していい感じになったから。ソファーに座って、本を読むのにちょうどいいでしょ」

日々が忙しいことを理由に、本を読む機会がめっきり少なくなった、と若山さん。

「昔のほうが断然、本を買っていたなぁと思って。文字ものも、写真集も。仕事で読まなきゃならないものもたくさんあって、事務所の本棚も家の本棚もすぐいっぱいになっちゃった。車で通勤しているから、電車で読むこともないし、遅くまで仕事していると、帰ってきて本を開くようなことをなかなかしないしね。ここのところそんな感じで、まったく読む時間がないまま過ごしていたけれど、赤澤さんに〝お気に入りの本を〟と言われて、久しぶりに本棚を眺めて引っ張り出してきたのよ」

キッチンの奥で、コーヒーを淹れながら話し続けている。いい香りがリビングに流れ込んでくるなか、机の上に重ね置かれたお気に入りの本の背を、顔を横にして眺めてみた。[1]『ジョージア・オキーフ―崇高なるアメリカ精神の肖像』は、事務所を始めて数年後、仕事を休んでニューヨークをフラフラしていた頃に手にしたもの。その頃よく、オキー

フの絵をホイットニー美術館に観に行っていた。この本は20代半ばまで勤めていたデザイン事務所の先輩の仕事だったというもの。ページをめくる前から、私は見た目の感じで、勝手に海外の本だとばかり思い込んでいた。ところが開いてみたら、日本語が並んでいたのでえらく拍子抜けしてしまった。そして驚きつつも、納得。そこには、本の判型（大きさ）ギリギリに組まれた緊張感のある書体と字詰め、行間があった。カバーを見ただけで、中のこの感じがビンビンに伝わってきていたのだ。そのせいか、海外で作られたエッジのきいたものだとばかり思い込んでいたけれども、まさかの日本製。１９８４年にパルコ出版から出されていた。80年代もまだ、こんなドスンと胸に落ちてくるようなデザインが世に出ていた時代だったんだなぁ。手にした最初の一冊目から、もう圧倒されてしまった。「すごいなぁ」と一人言のように繰り返しては、何度もページをめくっては返す私に気付くと、「行間も自分で線を引いていたような人だったのよ。写植（写真植字）もね、モリサワのひらがなと写研の漢字を合わせたり……。本当にすごいことだった。ちょうど、私は自分に何ができるのか悶々と考えていた頃だったと思う。その頃、会っていた人たちは、今思えば30代だったんだけど、すごく強くてしなやかでね、とても大人に見えたのよ」

　若い頃、やりたいことはあるけれど、それをどう形にしたり、見せていったらいいのか、モヤモヤと考えていた。それでその先を見つけるために旅に出たりしていた、と若山さん。やりたいことを伝えても、うまく伝えられなかったのか、前のめりすぎたのか、なかなか通じないことも多かったという。若山さんだけに限らず、社会に出た女性たちは皆「人生をどうにかしなきゃ」と思っていた時代だったのだろう。そんなときに勇気をもらったのが[2]『Georgia O'Keeffe, the artist's landscape』。アビキュー（ニューメキシコ）で暮らしていた時代の画家ジョージア・オキーフの写真集だ。それともうひとつ、夫であるスティーグリッツの撮ったニューヨーク時代のオキーフの写真集[2]『GEORGIA O'KEEFFE』も。一人ではなく、皆で力を出すことで、じわじわとその力が大きくなり、よりよくなれるということも同時に教わった。

「20代で刺激を受けたといえば、これもかな。村上開新堂の山本道子さんの料理に、写真家の石元泰博さんのプロセス写真が圧巻なの」、と差し出されたのは、キッコーマン醤油が発行していた小冊子[8]『新しい暮しの味』。ページをめくると、ハマグリのエスカルゴ風バターやほうれん草のクレープ、鶏のマスカット煮など、ハイカラなメニューが並んでいた。『勝手におやつ』は、もっと自由なビジュアルで料理を表現してもいいんじゃない!?　というところからスタートし、料理は「CUEL」のハギワラトシコさん(P.80〜)、上野万梨子さん、堀井和子さんらが、写真は長嶺輝明さん(P.88〜)が担当されていた。

まだ見ぬ世界への憧れがはちきれそうにパンパンだった頃、20代だった若山さんは、83年、1ドル360円とまではいかなかったけれど、それでも250円もした時代に、ニューヨークへと出かけた。ちょうど料理研究家の堀井和子さんもニューヨークにいらした頃で、その後縁あって87年に、堀井さんの本[10]『堀井和子の気ままなパンの本』のブックデザインをすることになる。

興味の湧く土地へ旅に出て、たくさんのものを浴びるように見て、食べて、自分の中に収めては、戻ってきてそれを形にしていた、至極真っ当な時代だったのだと、再確認する思いで話を聞いた。

「あの頃はよく海外に出かけていたなぁ。30代半ばにはハギワラ(トシコ)さんと二人でロスからアリゾナ、メキシコ国境まで車で旅したりもした。そのときにできた本が『ワンダフルパーティーズ』。縄田さん(一緒にデザイン事務所を主宰している縄田智子さん)とはニューメキシコやカリフォルニアを旅して花の本の撮影もしたりしてね」

「おー、もしや、その花の本とは、岩﨑有加さんの本棚の取材のときに、お気に入りの本で紹介してもらった『花を飾る』ですか?」と、興奮して言うと「え〜、そうなの。

うれしい」と、少女のような笑みが返ってきた。そんな笑顔を拝見できて、私もうれしいです。それにしても、若山さんはその頃、狂ったように旅に出ていたんだなぁ。同じ場所へ何度も出かけることもあったようで、夏に出かけたときに、とんでもなく美しい景色に出会ってしまったら、そこで満足するのではなく、「冬は冬で、美しいんだろうなぁ」と、しつこくその先に思いを馳せ、繰り返し出かけては、場所の匂いまでも忘れないように、すべてを毛穴の奥までじわじわ浸透させていたんじゃなかろうか。そんな妄想をしていたら、「そういえばね、」と、よく本を読んでいた頃のことを話してくれた。

「アメリカを車で旅していたときは、友人と二人で、ってこともあったけれど、一人のことの方が多かったの。1957年に建てられた、地平線から一面に広がる星空の下でオペラが観られる、サンタフェオペラにも行ったのよ。10日から2週間くらい休みを取って行くんだけど、お店で何かを買ったりする以外は誰とも喋らないから、このとき、一年分の思考が動くの。なんていうんだろう、なんだかわかったような瞬間になるときがあるのよ。本を読んでいたのはそういうとき。砂漠に雨がざーっと降ってきて、パッと止んだ瞬間、周りに生えていたたくさんのセージが、すごい香り立って、自分の周りに充満して。それをたまに思い出すんだけど、そんな経験、今はもうなかなかなくなってしまったなぁ。でも、一人旅ってやっぱりいいよね」

若山さんの話は、「そしてそういうときに読む本っていうのも、なんだかいいんだよね」と、続いているような気がした。

80年代にニューヨークで過ごした若山さんが、自由な空気とともに大いに刺激を受けたのは、大型ブックストアに幅をきかせて並んでいた、料理レシピの本だった。あんな自由なスタイルで、本をデザインできたらいいなぁと思いつつ、帰国すると、偶然にも味の素サービスが出していた食の冊子『奥様手帖[13]』の仕事をしないかと、声がかかる。思えば叶うとは、まさにこういうこと。若山さんの念の強さもあっただろうか。しかも、それがカメラマン長嶺輝明さんと若山さんが初めて一緒にした仕事だという。ん〜、感慨深い。なぜだか、私一人、自分の中で興奮と感動を行ったり来たりしていて、気付いたら、涙がボロボロと溢れていた。思い込みの激しさもここまでくるとどうかと思うが、若山さんはそんな私を見ながら、にっこり笑い「どら焼き、食べたら?」と、おっとりしている。こういう私に

慣れているんだろう。いつでも慌てることなく、やわらかく皆を包み込むスタンスは変わらないし、そこにいてくれるだけで安心感たっぷりだ。

ファイルにまとめられた『奥様手帖』のページをめくると、辰巳芳子さん、小林カツ代さん、城戸崎愛さん、平野レミさん、上野万梨子さんと、今の料理業界を築き上げてきた、錚々《そうそう》たる料理人たちが並んでいた。若山さんは後半からスタイリングも手がけ、ページ作りに奮闘する。実は先に挙げた『勝手におやつ』の前身となったのが、この『奥様手帖』だというから、それにも驚いた。この冊子で若山さんと長嶺さんはタッグを組み、あぁでもない、こうでもないと議論を交わし、自分たちで天板に石膏を塗ったり、スタイリング材料を自前で制作することも厭わず、撮影に臨んできた。そして、その鍛錬の集大成が、ハギワラトシコさんら8人による『勝手におやつ』なのだ。

ここまできてわかった。どうして、この方たち（ハギワラさん、長嶺さん、若山さんへと続いた流れ）の本棚の話

を訊きたいと思ったのか、直感的に本棚が気になって、この人たちに取材をお願いしてきたのか。若山さんまでたどり着いて、ようやくそのことが明確になったのだ。私はずっとこの熱い本作りの流れを知らずとも肌で感じ、生み出されてきた本を読んでは興奮し、いつかは私も！ と思っていた。その先鞭をつけてきた仕事人たちの成してきた仕事が書き記された、長い時代年表が今まさに開かれ、大きな流れが見えたようだった。

　ドラマの最終回を見た後のように感動している私をよそに「ねぇねぇ、これも見て」と、引き続き、『幸田文 きもの帖』[14]と『利休百話』[15]が、差し出された。

「幸田さんの本は、着物についての短編。パラパラとひとつずつ読めて、気持ちいいの。原由美子さんの本をデザインしてから着物にハマって、それからお茶もやり始め、気付いたら三味線も（笑）。興味が細かく枝分かれして、こういう本もいただいたりして、たまに読むようになったのよ。利休のほうは、なるほどと思う小話があって、気楽に読めていいの。昔は少なかったけれど、今は人の勧めを受け入れて、やってみると自分を高められることもたくさんあるし、そのこと自体がよく思えてくる。『どうだろう？』と思うことがあったら素直に立ち止まって、その後は見方を変えてみる。そうするとまた違って見えるよね。和物は、今の自分にとって、とても新鮮。自分の使ってなかったところが出てきている気がするの。まだまだ私も伸びしろあるなぁって」

　桜の季節には桜の帯を締めなくちゃと思う、と若山さん。着物で旅行することも最近の楽しみになっているそうだ。海外へ出かけ、まだ見ぬ世界を手探りしていた若い頃。今は日本に思いが戻り、自分のルーツをたどるように和に魅せられている。そのきっかけのひとつとなったのが、偶然にも本だったということに、若山さんを追いかけ続けている私としては、自分を振り返って考えるきっかけをもらったように思えた。

　最後に見せたいものがあると言って、若山さんが納戸から大きな化粧箱を出してきた。本が入っているのかな、と

読書のおとも

今日はどらやきとコーヒー。最近は和菓子のほうが好き。コーヒーは深煎りでさっぱり。

思っていたら、中から出てきたのは小学一、二年生の頃の絵や作文と、小学校六年生のときの文集だった。ひとつずつ紐でくくられ、まとめられたそれには必ず表紙が付いていて、「作品」と記されている。文集には「私の夢」と題して、「将来は、表紙のデザインをしたり、写真のデザインをしたい」と書かれていた。ここで私の涙腺がまたもや決壊し、溢れ出した。あぁ、人って素晴らしい。人生ってなんてロマンチックで、ドラマチックなんだろう。溢れた涙が作品にこぼれ落ちないよう、慌てて、箱にしまい直す。バタバタと落ち着きのない私を見ながら、若山さんがにっこりして言った。「これをどうしても赤澤さんに見せたかったんだよね」と。

一番大事な本棚は、納戸の奥の奥、なかなか開けることのない箱の中にあったのだ。

若山嘉代子（わかやま・かよこ）
グラフィックデザイナー。武蔵野美術大学時代の友人、縄田智子さんと「L'espace」の名で、1980年にデザイン事務所を設立する。今までデザインしてきた本は数え切れないほど。80〜90年代、料理本の新たなジャンルを確立したデザイナーの一人としても知られる。チャーミングなお人柄と装いにもファンが多く、ご自身が雑誌のファッションの特集に登場することもあるほど。最近は、「和」にハマっていて、着物、お茶、三味線三昧で暮らせたら、と思っているのだそうだ。

①

『ジョージア・オキーフ—崇高なるアメリカ精神の肖像』ローリー・ライル／著、道下匡子／訳 パルコ出版局

版型ギリギリに印刷された文字。モリサワと写研を合わせた写植。内容はもちろん、デザインのインパクトの強さも魅力的な本。

②

上／『Georgia O'Keeffe, the artist's landscape』Todd Webb
下／『GEORGIA O'KEEFFE A PORTRAIT BY ALFRED STIEGLITZ』Alfred Stieglitz

いずれもオキーフを撮った写真集。ニューヨーク時代1917〜1933年の写真（上）。ニューメキシコ時代1955〜1981年の写真（下）。やりたいことをどうやってかたちにすべきか、何度もページをめくった二冊。

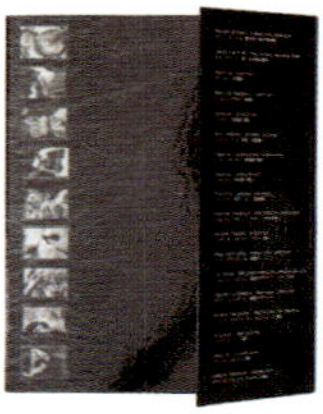

③

『パリ・モードの舞台裏展：LES COULISSES DE LA MODE』図録 オディロン・ヴィエイラ・ラデイラ／監修

「こんなことしていいんだって勇気が出る本。デザインがいいと、どれだけやってもやりすぎじゃないと思えるのよね」

④

『David Hockney: Prints 1954-1995』David Hockney

ハワイのコンテンポラリーミュージアムに常設があるデイヴィッド・ホックニー。これは1954年〜1995年までの作品をまとめたもの。絵だけでなくオペラの舞台作品や写真集もある。

⑤

『L'Imagier Des Gens』Blexbolex

さまざまな職業の人たちが、ポップでユニークなイラストで表現されたイラスト集。若山さんは特色で印刷されたこのイラストを私に見せたかった、のだそうだ。

⑥

『Leaves in Myth, Magic and Medicine』Alice Thoms Vitale

「茶色と緑の二色使いがきれいな本。好きな理由がただそれだけっていうのも、たまにはいいでしょ。色数が少なくても美しい本を見ると買ってしまう」

⑦

『みらいをひらく、私の日用品』川島蓉子 リトル・モア

最近本の装丁で、堀井和子さんのコラージュを使ったもの。

⑧

『新しい暮しの味』キッコーマン醤油

1975年刊。村上開新堂の山本道子さんの料理と石元泰博さんの写真が圧巻。山本さんとはその後、本を作る機会に恵まれ、今もグラフィックにたずさわっている。

Kayoko Wakayama

⑪

『アンネ・フランク・ハウス
ものがたりのあるミュージアム』
アンネ・フランク・ハウス

全世界に向けて各国の言語で翻訳された本。本の角が丸いデザインに優しさが溢れている、と若山さん。

⑩

『堀井和子の気ままなパンの本』
堀井和子 白馬出版

若山さんがデザインした、堀井さんと初めて作った本。堀井さんと作った本はなんと45冊以上もあるのだそうだ。

⑨

『フェミニン・フード・ウェイヴ―女たちの料理力学』竹林亜紀 柴田書店

食にたずさわる女たちのインタビュー集。食はもっと自由でいいんじゃない!? っていうことを教わった本。1985年刊。表紙は草間彌生さんの絵。『勝手におやつ』のヒントにもなった。

⑭

『幸田文 きもの帖』
幸田文 平凡社

原由美子さんの着物の本の装丁をしてから、すっかり着物にハマってしまった、という若山さん。これは着物に関するエッセイ。くり返して読むのが気持ちいい一冊。

⑬

『奥様手帖』味の素サービス

1960年創刊の、味の素から出版されていた食の冊子。80年代、ニューヨークからもどったばかりの若山さんがスタイリングも、デザインも手がけた。錚々たる料理家やカメラマンたちが名を連ねる。

⑫

『Anne Frank and family』

「表紙の水着姿のアンネが私に似ているからと、姪がアムステルダムの『アンネフランクハウス』で買ってきてくれた、アンネの家族のアルバム。私も訪れたことがあるけれど、ここはとにかく展示が素晴らしい」

⑯

上／『原由美子の仕事1970→』
ブックマン社
下／『きもの着ます。』
文化出版局
原由美子

日本を代表するファッションスタイリストである著者が、その40余年を綴った自伝的回想録（上）。ファッションだけにとどまらない、時代の勢いが詰まっている。（下）は色合わせ、柄合わせ、着こなし方法など。若山さんがデザインを担当したもの。

⑮

『利休百話』筒井紘一
淡交社

短い話がまとめられたもの。読むたびに、なるほどと思えることがアレヤコレヤと詰まっている。「茶の湯も身の丈で楽しめるといいと思う」

最後に、この本に関わってくれたスタッフの皆さんの本棚をご紹介します。

カメラマン
公文美和

実は連載1回目の撮影は、カメラマン公文さんの家の本棚の予定だったがお互いの連絡ミスにより、そのままになっていた。最後の最後で取材に行こうかと話していたが、それもままならず、未だに彼

女の現・本棚は見ることがないまま終わっている。が、たくさんのいい本を所有していることだけは確かだ。カメラマン長嶺輝明さんのアシスタント時代から今に至るまで、料理本の黄金時代を走ってきた彼女だから、自分が関わったものも、そうでないものも、時代を反映したものも持っているだろう。いつか漁りに行ってみたい。少し前に暮らしていた家では、押入れのようなスペースを自分の事務所風に仕立てていて、デスクとその周りにびっしり詰め込まれた本や写真集の姿があったことを記憶している。それが男の隠れ家のようで格好良かったのだ。最近、本を読むのが好きになってきたという彼女の今の本棚。どんなことになっているだろうか!?

デザイナー
漆原悠一

古い日本家屋の一軒家が事務所兼自宅の、デザイナー漆原さんの本棚は、ミーティングルームと仕事部屋のあらゆる壁面に隙間なく設置されたものだった。ミーティングの部屋にある本は、ご自身が好きな古いものとお仕事したものがいくつか。仕事部屋には紙見本や色見本帳のようなお仕事関係のものから、関わっている雑誌、単行本などがドスンと積まれていた。手を伸ばせば、今、必要なものがすぐ取れるこの感じ、いいなぁ。この仕事部屋と打ち合わせ部屋があったら、こんな私でももう少し仕事が捗りそうだ。

アノニマ・スタジオ編集
村上妃佐子

三人の息子の母であり、編集者である担当の村上さんの本棚で印象的だったのは、キッチンにしっかりとした本棚を設けていたこと。キッチン内のちょっとした引き出

しに今気に入っている数冊を忍ばせておくことはよくありそうだけれど、ここまで本棚然としたものを置いている人は初めてだったし、仕事人として料理本に関わっていることも、母として日々キッチンに立っていることも、両方を感じさせる実直な彼女らしい本棚だった。私が東京を離れるときに村上さん家にお嫁に行った巨大な本棚は、一階の資料室的な部屋でしっかり活用してもらっていてうれしかった。収まっているのは、メアリー・ポピンズやくまのプーさんなどという絵本や童話といったものが多く、彼女がこしらえてきたあたたかく優しい本の、原点を垣間見た気がした。

アノニマ・スタジオweb編集・広報

小島奈菜子

玄関を開けた途端、目に飛び込んできた本の数に驚き、一瞬それが本棚に収まっているものかどうかが理解できなかった。見た目は完全に壁⁉　って感じ。それくらい本は積み重なり、隙間を分け合うように、肩よせ合うように詰め込まれていた。向きも縦だったり、横だったりいろいろ。小さな付箋がこれでもかと付けられていたものもあった。迫り来る本の数に、スタッフ全員が本棚の前でポカンとしてしまった。食事をするときのテーブル代わりにしているという棚にも、もちろん本が詰まって

いた。そのほとんど、いや、すべては小林秀雄に関するもの。小林秀雄好きが高じて、彼が暮らしていた鎌倉にわざわざ居を構えるほどの徹底ぶり。web連載の担当でもあり、この本作りに尽力をくださった編集の小島さんの本棚。彼女ののめり込み方には毎度脱帽させられたが、本人の本棚を見て納得。これは真似できない。

著者

赤澤かおり

私の本棚は、家中あちこちにある。壁面にこしらえたいわゆる本棚もあれば、トイレに立てかけ、重ねた雑誌や新聞類。仕事をして

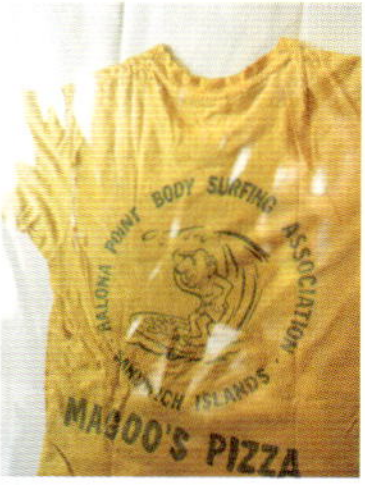

いるデスクの上。椅子の上、ソファーの横、ベッド脇など、いつでもどこでも手が届く場所に本が重ね置かれている。いつか整理しようと思ってきたが、一度もまともにこれが本棚ですと言える形になっていない。いつか、部屋の壁面あちこちに本棚を作り、そこに持っている本を収納し、あぁこんな本も持っていたなとちゃんと確認する日を作れたら、と老後計画のひとつとして構想中。

お忙しい中、私の無謀な依頼にお付き合いくださった皆様、本当にありがとうございました。皆さんの本棚の話のおもしろさはもとより、本独特の紙とインクの香り、そして感触に包まれた時間は何より至福のときでした。この連載がきっかけで、ますます人の本棚への興味が深まってしまいました。あぁ、どうしましょう。

登場する方々の
お店一覧

> p.32-39

バッキー・イノウエさん

「錦・高倉屋」

営業時間：10:00-18:30／定休日：無休

住所：〒604-8043 京都府京都市中京区錦小路通
寺町西入ル東大文字町289-2

電話：075-231-0081

Web：www.takakuraya.jp/

「京都・裏寺 メシと酒『百練』」

営業時間：11:30-23:00／定休日：無休

住所：〒604-8042 京都府京都市中京区
裏寺町通四条上ル中之町572
しのぶ会館2階

電話番号：075-213-2723

Web：www.hyakuren.com/

「先斗町　百練」

営業時間：17:00-23:00／定休日：無休

住所：〒604-8003 京都府京都市中京区先斗町通
三条下ル橋下町133-1
エメラルド会館 1F奥

電話：075-255-4755

Web：www.pontocho-hyakuren.com/

> p.40-49

井上由季子さん、井上正憲さん

「モーネ工房」

営業時間：12:00-17:00

定休日：不定休

住所：〒602-8142 京都府京都市上京区堀川通
丸太町下ル下堀川町154-1

電話：075-821-3477

Web：www.maane-moon.com/

＊2017年10月末に、工房と住まいを
香川県三豊市に移転予定

> p.70-79

松橋恵理さん

「シャムア」

営業時間：12:00-20:00

定休日：水曜日

住所：〒550-0014 大阪府大阪市西区
北堀江1-6-4 欧州館3F

電話：06-6538-9860

Web：shamua1996.blogspot.jp/

> p.6-11

小山千夏さん

「Fabric Camp」

営業時間：10:00-17:00

定休日：木・日曜日

住所：〒248-0005 神奈川県鎌倉市雪ノ下1-16-23

電話：0467-24-9000

Web：blog1.fabric-camp.jp/

> p.12-17

亀井良真さん

「オステリア・コマチーナ」

営業時間：12:00-14:00（LO）、18:00-21:30（LO）

定休日：火曜日（不定休有）

住所：〒248-0006 神奈川県鎌倉市小町2-6-12

電話：0467-23-2312

Web：osteriacomacina.seesaa.net/

> p.24-31

伊藤耕太郎さん

「ブルールーム」

営業時間：17:00-23:00（平日LO）
12:00-14:00、
17:00-23:00（土日祝日LO）

定休日：木曜日

住所：〒248-0006 神奈川県鎌倉市小町2-8-9
秋山ビル2F-3

電話：090-1768-0621

Web：www.facebook.com/blueroomkamakura/

> p.80-87

ハギワラトシコさん

「CUEL」

Web：www.cuel.co.jp/

> p.106-117

宮治淳一さん、宮治ひろみさん

「Cafe Brandin」

営業時間：13:00-18:00（土〜火曜日）、
20:00-23:00（金曜日）

定休日：不定休　＊ホームページにて告知

住所：〒253-0031 神奈川県茅ヶ崎市
富士見町1-2

電話：0467-85-3818

Web：brandin.cafe/

> p.118-129

兵藤 昭さん

「鈴木屋酒店」

営業時間：10:00-19:00

定休日：月曜日、第3日曜日

住所：〒248-0014 神奈川県鎌倉市由比ガ浜3-6-19

電話：0467-22-2434

Web：www.facebook.com/suzukiyakamakura/

> p.130-143

岩崎有加さん

「Senbon Flowers MIDORIYA」

営業時間：9:00-18:00（平日）、
9:00-14:00（日曜日）

定休日：火曜日、水曜日不定休

住所：〒410-0855 静岡県沼津市千本緑町902

電話：055-951-2387

> p.144-157

諏訪雅夫さん、諏訪雅也さん

「悠久堂書店」

営業時間：10:15-18:45（平日）、
10:45-18:15（祝祭日）

定休日：日曜日、年末年始

住所：〒101-0051 東京都千代田区神田神保町1-3-2

電話：03-3291-0773

Web：yukyudou.com/

※この情報は2017年9月現在のものです

赤澤かおり

編集者、ライター。出版社にて雑誌、単行本の編集者を経てフリーに。料理本をはじめとする、数々の暮らしまわりの本を編集し、世に送り出している。骨太な本づくりは、料理家やデザイナーをはじめ、作り手からの信頼も厚い。ハワイと鎌倉をこよなく愛し、食や旅をテーマに、雑誌や書籍で執筆を手がける。ハワイに関する著書多数。近刊は『鎌倉 のんで、たべる。』(朝日新聞出版社)。

アノニマ・スタジオは、
風や光のささやきに耳をすまし、
暮らしの中の小さな発見を大切にひろい集め、
日々ささやかなよろこびを見つける人と一緒に
本を作ってゆくスタジオです。

遠くに住む友人から届いた手紙のように、
何度も手にとって読み返したくなる本、
その本があるだけで、
自分の部屋があたたかく輝いて思えるような本を。

本棚の本

2017年10月6日　初版第1刷 発行

著者　赤澤かおり

発行人　前田哲次

編集人　谷口博文

アノニマ・スタジオ
〒111-0051
東京都台東区蔵前2-14-14　2F
TEL.03-6699-1064
FAX03-6699-1070

発行　KTC中央出版
〒111-0051
東京都台東区蔵前2-14-14　2F

印刷・製本　図書印刷株式会社

写真
公文美和

デザイン
漆原悠一（tento）
松本るい（tento）

編集
村上妃佐子（アノニマ・スタジオ）
小島奈菜子（アノニマ・スタジオ）

ISBN 978-4-87758-766-6　C0095

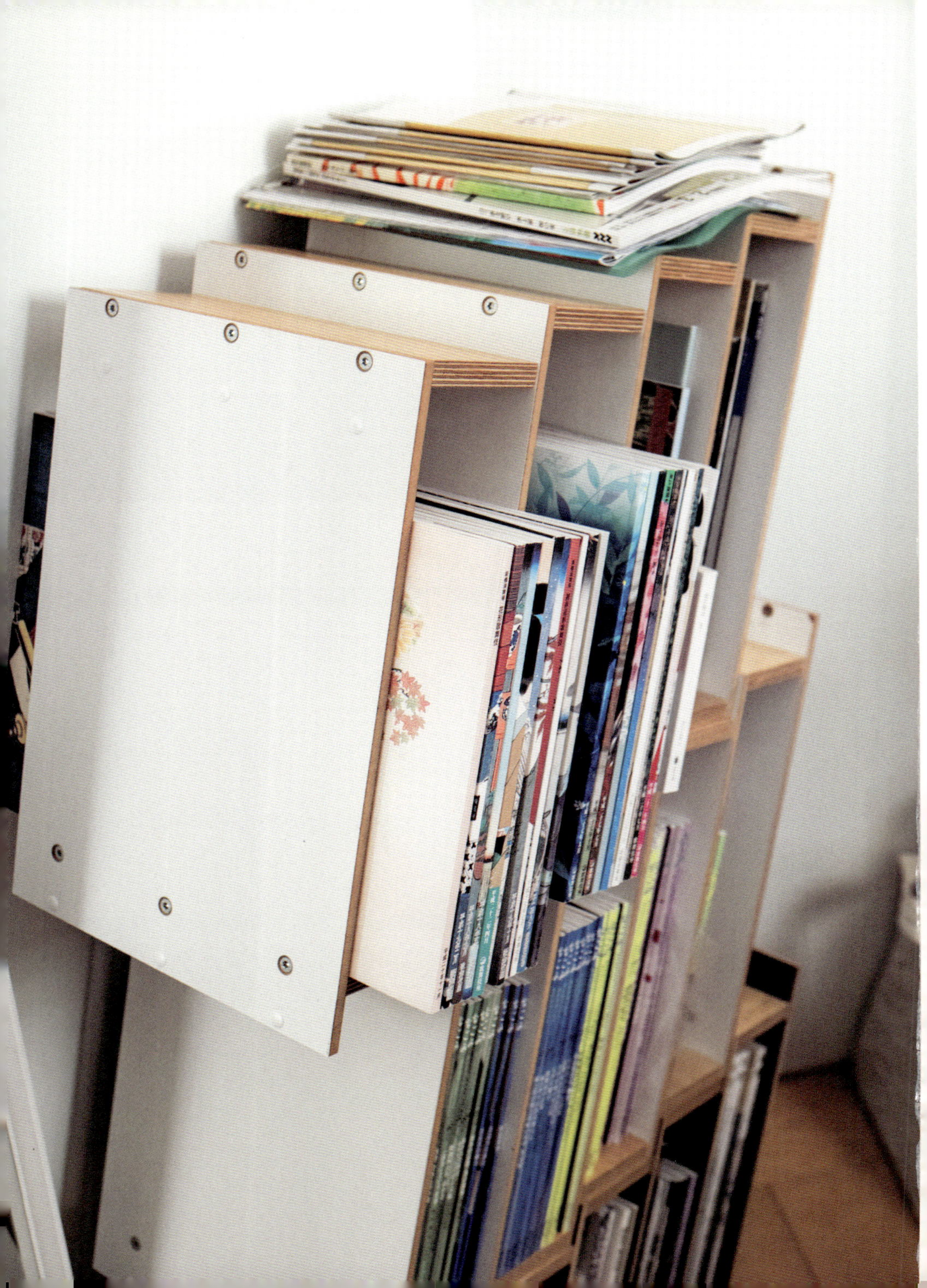

NATIONAL GALLERY OF ART
ALFRE
HARRY